Salud, Paz y Confianza

Triunfa en medio de la adversidad

LAURA R. FERNÁNDEZ, MPH, BSN, RN

Líder en La Comunidad Mujer Valiosa

Editorial Güipil

Para otros materiales, visítanos en:
EditorialGuipil.com

Editorial Güipil
Editorial Güipil. Primera edición 2024
EditorialGuipil.com
ISBN: ISBN: 978-1-953689-84-9
Categoría: Bienestar / Vida cristiana / Inspiración

«Todo lo que el mundo proporciona no puede sanar el
corazón quebrantado, ni dar paz al espíritu,
ni disipar las inquietudes, ni desterrar la enfermedad.
La fama, el genio y el talento son impotentes para alegrar
el corazón entristecido o restaurar la vida malgastada.
La vida de Dios en el alma es la única esperanza
del hombre.»

Ellen G. White

Agradecimiento

Mi profundo agradecimiento a mi esposo Freddy, ya que, sin su apoyo constante ni su enorme paciencia durante las largas noches, donde las ideas se mezclaban o se enredaban entre sí, este libro no habría sido terminado.

Agradezco también que Dios me permitió trabajar por más de 36 años en el sistema de salud donde pude ver de cerca, escuchar, comprender, empatizar y, sobre todo, asistir a los pacientes en medio de la necesidad, el dolor, la desesperación, el desánimo, la tristeza, la depresión, la ansiedad y aun la muerte inminente. Eso, junto a mis principios cristianos, me permitió buscar más allá de la medicina convencional y las tendencias sociales para intentar mostrar un camino más seguro y eficaz que lleve al lector a disfrutar una vida plena y saludable: una vida de bendición y éxito.

Dedicatoria

A toda persona que, con sinceridad y voluntad, decida cambiar una mala alimentación, su estilo de vida intemperante y todo mal hábito con el fin de restaurar su salud física y mental, y así recuperar su desarrollo espiritual y conexión con Dios.

Contenido

Introducción

Acércate, deja de preocuparte por un momento, respira profundamente y exhala contando hasta ocho. Muy bien, ahora que tengo tu atención, me gustaría hacerte una pregunta. ¿Cuánto estarías dispuesto a pagar, hacer o invertir por gozar de buena salud, no solo física, sino también mental y espiritual? No te preocupes, es una pregunta retórica. Hoy día las librerías, las redes sociales y los medios publicitarios están repletos de ofertas y nuevas sugerencias que prometen salud bajo el manto de una nueva píldora, una nueva rutina de ejercicios, un nuevo régimen alimentario o una nueva técnica tipo esotérica que probablemente funcione por unas semanas o meses; pero lamentablemente luego regresas a tu estado inicial o a una condición más complicada que la anterior.

Es probable que tú, algún familiar o alguien que conozcas esté en estos mismos instantes tratando de sobrevivir en medio de un mar de intentos fallidos, una pila de instrucciones imposibles de seguir o tal vez una montonera de consejos de índole religiosa o espiritual que simplemente no ha funcionado. Sigues sintiéndote débil por la enfermedad, con angustia por la depresión o ansiedad o quizá presa por traumas del pasado o sentimientos de culpa destructivos en tu vida.

No te preocupes, no te voy a vender ningún producto milagroso. Tampoco te voy a indicar una rutina de ejercicios específicos para la cual requieres costosos equipos o pasar horas en un gimnasio. Ni siquiera voy a compartir contigo mantras, rezos repetitivos o elaboradas disciplinas espirituales que solo se enfocan en una fuerza interior egocéntrica que, primeramente, es inútil y, en segundo lugar, pueden ser autodestructivas. Pero hay algo que sí quiero compartir contigo. Y es darte la posibilidad y la motivación para que descubras un estilo de vida que cambiará tu situación actual. Un estilo de vida que puede devolverte la tan ansiada armonía entre la salud física, mental y espiritual.

La mayoría de las personas en el siglo XXI están viviendo a medias. Tienen una desconexión entre sus tres dimensiones y eso no les permite vivir a plenitud. Esta desconexión les priva de disfrutar lo hermoso de la vida, así como también les limita para superar las adversidades. Están luchando solos contra los desafíos, como son las enfermedades, la injusticia, la tristeza, y el dolor, entre muchos otros. Por medio de este libro deseo que descubras que hay esperanza para salir triunfantes en la vida. Hay consuelo para los que padecen, sufren y lloran. Hoy es tu oportunidad de acercarte a la fuente de amor, salud y poder para vencer. Mañana será otro día con el que la vida te dará nuevas oportunidades para enderezar el camino y tomar decisiones acertadas. Tienes la capacidad de escoger entre las alternativas disponibles. Sin embargo, es preciso que comprendas y aceptes tu responsabilidad. Atrás debe quedar el culpar de tu condición a alguien más, o el querer excusarte detrás de aquel evento terrible del cual fuiste víctima. Por ningún motivo intento minimizar tus experiencias personales; sin embargo, quiero sacarte del círculo vicioso en el que has caído o puedes caer si continúas enfocándote en lo negativo. Este tipo de actitud solo te restará energía y recursos, los cuales necesitarás para salir hacia adelante y triunfar en la vida. Te lo digo por experiencia propia. Como producto de una familia numerosa, disfuncional, aunque con formación cristiana y luego de más de 36 años de trabajar en el sistema de salud, te puedo asegurar que la solución para recuperar tu salud, tu paz mental y descubrir la belleza de vivir en sintonía con tu lado espiritual es sencilla pero efectiva. Es mucho más práctica de lo que crees, y tiene beneficios de transcendencia eterna.

¡No dejes pasar esta oportunidad! Te invito a que exploremos juntos estas tres dimensiones por separado. Comprende las cualidades, los cuidados y precauciones de cada dimensión, y así lograrás incorporar y poner en práctica los cambios y ajustes que sean necesarios en tu jornada. Disfrutarás así de una vida plena, con sentido y propósito, marcada por la excelencia de una mente y un cuerpo que finalmente encuentra reposo en los brazos de un Salvador amante que entregó Su vida para que nosotros fuésemos restablecidos a la posición original para la cual fuimos creados en el universo. La Biblia nos dice en 1 Tesalonicenses 5: 23 y 24:

«Y el mismo Dios de paz os santifique por completo; y todo vuestro ser, espíritu, alma y cuerpo, sea guardado irreprensible para la venida de nuestro Señor Jesucristo. Fiel es el que os llama, el cual también lo hará.»

No sólo eso, en Isaías 40:31 también promete:

«Pero los que esperan en Jehová tendrán nuevas fuerzas; levantarán alas como las águilas; correrán, y no se cansarán; caminarán, y no se fatigarán.»

De todo corazón deseo que esto sea una realidad en tu vida.

Acompáñame a través de los próximos capítulos y descubrirás lo hermoso de vivir en armonía con Dios, tu ser interior y con los demás.

CAPÍTULO 1
CREADOS EN ARMONÍA

LA ESTRECHA RELACIÓN ENTRE LA NATURALEZA Y EL SER HUMANO

La tierra, el ser humano y el mundo en el que vivimos, están llenos de belleza y extraordinarias peculiaridades. Es hermoso observar el azul del cielo, una noche repleta de estrellas, el cantar de las aves y la inmensidad del mar.

Yo crecí en una preciosa isla del Caribe y todavía conservo una gran afinidad por el mar, la playa y la exuberante vegetación de una zona tropical. Encuentro que escuchar el sonido constante de las olas es uno de los mejores métodos disponibles para calmar una mente agitada por el día a día y un cuerpo cansado por la rutina. Lo mismo puedo decir del sonido armonioso de un riachuelo que se abre paso entre las piedras o del ruido vigorizante de las gotas de lluvia en una cálida tarde de verano.

Como enfermera profesional con muchos años de experiencia y estudios de posgrado en salud pública, he sido testigo del avance de la medicina en lo que se refiere a la salud integral. Estudios recientes comprueban la importancia de combinar la medicina convencional con la natural.

No te sorprendas si cuando visites a tu médico primario y comenten sobre cómo manejar el estrés y la ansiedad, tu receta incluya pasar dos semanas en el campo o el bosque. La razón de ello es que han observado que el cerebro puede regenerar su actividad eléctrica y mejorar las conexiones entre las neuronas mediante la contemplación y cercanía con los árboles, y de esa forma alivia los niveles de ansiedad y promueve un sentido de bienestar.

La naturaleza, luego de tantos años bajo la mano abusiva del ser humano, aún conserva gran parte de su indescriptible belleza. Es así como podemos escuchar la voz de Dios a través de esta y ver en ella el segundo libro de Dios, después de Su Santa Palabra; eso nos dice Romanos 1:20:

«Porque las cosas invisibles de él, su eterno poder y deidad, se hacen claramente visibles desde la creación del mundo, siendo entendidas por medio de las cosas hechas, de modo que no tienen excusa.»

A través de ella podemos elevar nuestros pensamientos a un Creador amante y misericordioso que se complace en proporcionar innumerables bendiciones a sus hijos. El relato bíblico presenta al ser humano como la máxima creación divina dentro de un hermoso plan inicial. Fuimos dotados de un increíble cuerpo capaz de realizar complicadas funciones biológicas y con una mente poderosa que analiza, razona, ama y siente. Lo mejor de todo es que fuimos creados a Su imagen, con una naturaleza espiritual que nos conecta a nuestro Hacedor. Hablaremos acerca de este último punto en los próximos capítulos.

En realidad, la naturaleza es capaz de ofrecer cada día un nuevo y espectacular despliegue de diversidad que satisface la mayoría de las necesidades de cualquier corazón dispuesto. Los árboles son un vivo ejemplo de esta diversidad. ¿Cuándo fue la última vez que te detuviste a observar la belleza de un árbol o un bosque; y mientras los observaste detenidamente pudiste distinguir entre sus cualidades y atributos? ¿Pudiste analizar características como qué tipo de madera es (ornamental, lleva frutos o solo flores), qué tipo de hojas lo engalanan o cuál es su ciclo de crecimiento? Estas y muchísimas otras preguntas se pueden hacer de cualquier árbol. Imagina la riqueza en material de estudio para la botánica y dendrología (ciencia que estudia árboles y arbustos). ¿Qué tal los que son suficientemente tupidos como para proveer sombra al cansado viajero?

En mi lista de lugares a los que quisiera visitar se encuentran los famosos *Redwood National* and *State Parks*, en el norte del estado de California en los Estados Unidos de América. Los he visto en fotos, en películas, documentales, etc.; pero me encantaría visitarlos. Allí se encuentran los majestuosos sequoias. Son los más altos de la tierra. El más alto entre ellos, y que fue descubierto en el año 2006, se llama Hyperion. En el 2019 se registró su altura con unos impresionantes 116.07 metros. Su madera es de color rojizo. Sería un deleite ver el contraste entre este inmenso árbol y mi diminuta altura de 5' 3".

Por supuesto, los científicos van mucho más allá de las sencillas observaciones de una persona común. Los profesionales que dedican todo su tiempo a esto toman en consideración la más simple de las características de cada árbol con tal de mantener un minucioso registro de cada especie y tipo de árboles. Como habrás notado, los árboles son objeto de mi admiración. Los encuentro atractivos, algunos imponentes, otros de hermosos colores con hojas de forma divertida y algunos más con enormes raíces y delicioso aroma. Algo que capta mi atención por igual es que, en la Biblia, a los justos se los compara con árboles en una hermosa promesa divina que se encuentra en Salmos 1:3, donde dice:

«Será como árbol plantado junto a corrientes de agua, que da su fruto a su tiempo y su hoja no se marchita; en todo lo que hace, prospera.»

No podemos negar que la naturaleza es un libro abierto para cualquier ávido estudiante de la belleza. Ahora te invito a cambiar tu paradigma e imaginar el vasto campo de estudio disponible tanto para los profesionales como para los aficionados cuando se trata del cuerpo humano — el cual fue corona de la creación divina— y las desafiantes capacidades, procesos internos y secretos que guarda el cerebro junto a todos los demás órganos que son parte de esta maravillosa creación. Exactamente esta curiosidad por entender todos estos procesos y funciones fue lo que me llevó a estudiar enfermería. Tenía una necesidad de conocer, explorar y corroborar en mi propia experiencia no sólo lo extraordinario que es el cuerpo humano sino también la magnificencia, perfección, poder y supremo amor de ese ser al que llamamos Dios, nuestro Creador y Sustentador.

La vida es un estupendo y precioso regalo que pocos comprendemos. Cada nacimiento, por común que parezca, es un sublime milagro que encierra meses de incontables procesos, divisiones, especializaciones, complejas funciones e incalculables precisiones que solo pueden ocurrir bajo la sabia e imprescindible dirección de un amante y divino

Maestro. En realidad, fuimos creados en armonía con todo lo bello y perfecto que proviene de Dios; pero esta fue alterada cuando el virus del pecado entró y causó estragos en el plan original de Dios. Como resultado tenemos el deterioro en la vida del ser humano en sus tres dimensiones: física, mental y espiritual. Lo que fue creado para vivir por la eternidad, con el paso del tiempo —y en medio de fracasos y victorias—, los mejores ejemplares pueden llegar a una expectativa de vida de cerca de los 80 años en los países desarrollados, mientras que uno que otro supera los 100 años. Hace varios años se divulgó los resultados de la investigación realizada en las famosas Zonas Azules, donde viven en su gran mayoría personas que sobrepasan los 100 años.

No deja de llamar la atención que la Biblia, en el libro de Génesis, luego de la historia del diluvio universal, presenta a Dios estableciendo que la vida del ser humano se limitaría a unos 120 años. Sin embargo, aun en la esfera secular, tanto los médicos como la ciencia, trabajan constantemente para combatir el sinnúmero de enfermedades y condiciones que afectan la salud y vitalidad de los humanos dentro de ese tiempo determinado antes de la temida muerte.

Las diferentes ramas de la medicina se empeñan tenazmente en luchar contra todo aquello que interrumpa la homeostasis corporal, o en palabras sencillas, la armonía de la cual gozamos cuando tenemos salud. Las grandes organizaciones de investigación médica, los hospitales, los centros de urgencia y las oficinas de cuidado primario trabajan incansablemente para aliviar el dolor físico, sanar o erradicar la enfermedad, y estabilizar cualquier trauma que afecte nuestra vida en el ámbito físico o mental. Sin embargo, aunque conocen y trabajan arduamente para regresar a la tan ansiada homeostasis en estos dos ámbitos, ellos comprenden que hay un área, la espiritual, en la cual no incursionan y dejan que la iglesia o el propio individuo sea responsable de ella. Es así como la iglesia interviene para sanar las aflicciones de origen espiritual. Esta llega a ser considerada un amplio hospital donde cada persona puede acercarse a Dios y encontrar sanidad para su espíritu cansado y turbado. Pero no solo la iglesia es un hospital: el mundo entero es un enorme y complejo hospital donde el ser humano se debate entre la vida o la muerte, entre gozar de salud o padecer enfermedad. Independientemente de si crees o no en la existencia de Dios, o si entiendes o aceptas que Dios interviene en los asuntos de los hombres sobre esta tierra, la vida se encarga de demostrarnos con certeza de que esto es así.

MI EXPERIENCIA

Me gustaría compartir contigo una experiencia personal. Nos remontaremos a una tranquila mañana de enero del año 2007. Junto con mi esposo y suegros, me reporté a un hospital local donde estaba en la lista para un procedimiento de rutina: remover la vesícula biliar. Como enfermera, sabía que este procedimiento es realizado en centros de cirugía ambulatorios ya que no es considerado de alto riesgo. Hoy día te realizan el procedimiento en la mañana y puedes ser enviado a la casa esa misma tarde. Sin embargo, el médico tuvo conflictos con la agenda del centro de cirugía y tuvo que programarlo en el hospital donde también practicaba. Recibí las instrucciones del equipo médico y me despedí de mi esposo y familiares antes de que me administraran los primeros sedantes.

Por supuesto, como creyentes, elevamos una oración a Dios para pedir su cuidado y protección durante el procedimiento. Ya una vez en cirugía me colocarían bajo anestesia general y perdería noción de lo que ocurriría a mi alrededor. El doctor se dirigió a mi esposo y le dijo:

—Nos vemos dentro de 40 o 45 minutos.

Solo habían pasado cerca de 20 minutos, cuando el médico salió muy serio y le hizo señas a mi esposo para que fuera hacia donde él estaba. Una vez allí le preguntó si estaba solo, a lo que mi esposo contestó que estaba con sus padres. Los tres fueron llevados a una pequeña capilla donde el doctor le informó a mi esposo que todo estaba bien; pero que había tenido que detener el procedimiento porque yo había tenido una reacción a uno de los medicamentos utilizados en la anestesia; el equipo médico estaba trabajando conmigo y que podría verme quizás en una hora o dos. Mi esposo me contó que se le cayó el mundo tan pronto el doctor le llevó a esa capilla; pero luego se tranquilizó cuando escuchó al médico decir que todo estaba bajo control.

Ahora quisiera darte los detalles de lo que en realidad había estado pasando en la sala de cirugía antes que el doctor saliera a hablar con mi esposo. El diagnóstico y la razón por la que tuvieron que detener el procedimiento no fue por una simple reacción a la anestesia, sino que yo experimenté un choque anafiláctico.

El choque anafiláctico es una reacción severa y sistémica del organismo ante la exposición a una sustancia a la cual el individuo es alérgico. Las complicaciones pueden incluir daño cerebral o insuficiencia renal. Sin tratamiento puede ocurrir la muerte en cuestión de quince minutos. Esta condición se ha observado en menos del 1 % de los casos. Es decir, es una condición de baja incidencia clínica, pero de alta mortalidad.

Para cuando mi esposo pudo verme, yo todavía estaba bajo el efecto de varios medicamentos; tenía el rostro enrojecido y todo mi cuerpo estaba extremadamente inflamado. Siempre que recuerda el momento, él me dice que se asustó un poco al notar que mis ojos casi no se veían debido a la inflamación. Como parte de la recuperación, al otro día tuve que ser intervenida para un cateterismo cardíaco ya que los médicos querían verificar que no hubo daño al corazón, debido a la falta de oxígeno durante los esfuerzos para controlar mi ritmo cardíaco y resucitarme. Además, me hicieron estudios para verificar que no hubo daños renales o secuelas neurológicas.

En fin, por experiencia propia y mis conocimientos de salud puedo dar testimonio de que al estar escribiendo estas notas después de 16 años del incidente es porque fui producto de un milagro. Durante esta terrible experiencia, yo no estuve consciente; de hecho, no recuerdo nada de lo ocurrido durante la emergencia. Solo abrí mis ojos y me vi rodeada del equipo médico que me observaba intensamente y decía:

—Hola, ¡nos alegramos de que estés bien!

Pasadas unas horas me fui enterando de lo que había sucedido.

Una vez regresé a mi hogar para recuperarme y continuar con mis labores diarias en la casa, el trabajo y la iglesia, solo daba gracias a Dios por la nueva oportunidad de vida. Cabe destacar que no había manera de que los médicos supieran de la severidad de mi alergia, yo tampoco lo sabía… ¡pero Dios sí!

EL CUIDADO CONSTANTE Y FIEL DE DIOS

Quizás algunos piensen que todo fue una coincidencia. Que lo que está destinado para cada individuo simplemente ocurre, y ya. Si eres una de esas personas, me gustaría que consideraras algunos puntos claves e importantes en mi experiencia o en la vida de todo ser humano que atraviesa circunstancias similares donde las interacciones o relaciones interpersonales cobran un nuevo significado.

No fue casualidad el grupo de profesionales de la salud que estuvo presente durante mi emergencia. Tampoco fue que el cirujano no pudiera atenderme en el centro ambulatorio, sino en el hospital donde están todos los recursos necesarios y especialidades médicas para atender dicha emergencia. Mucho menos fue el hecho que el cirujano no había cortado la piel todavía para comenzar el procedimiento, permitiéndole así concentrarse en atender la necesidad inmediata. Jesús estuvo presente en el quirófano. Sus santos ángeles asistieron a los profesionales de la salud para que ellos intervinieran de acuerdo con sus funciones con precisión, habilidad y destreza. Como resultado, pude salir ilesa de esa sala de cirugía. Mucho antes de recibir anestesia tenía un versículo bíblico presente en mi mente todo el tiempo, se encuentra en Isaías 41:10 y dice:

«No temas, porque yo estoy contigo; no desmayes, porque yo soy tu Dios que te esfuerzo; siempre te ayudaré, siempre te sustentaré con la diestra de mi justicia.»

A mí me correspondía confiar en Dios y clamar por su cuidado protector por medio de la oración. Mi Padre Celestial se encargó del resto. No importaba si los doctores o enfermeros eran creyentes o no. Una hija de Dios estaba en necesidad y Dios no tardó en responder y atender a la súplica. Es aquí donde algunas personas pueden pensar que Dios solo ayuda a sus hijos. ¿Y quiénes son los hijos de Dios? La respuesta es simple: todos somos hijos de Dios por creación, pero solo los que aceptan su ofrecimiento de gracia para vivir una nueva vida en Cristo Jesús llegan a ser sus hijos por redención. La paga del pecado es muerte, más la dádiva de Dios es vida eterna en Cristo Jesús, Señor nuestro (Romanos 6:23).

Deseo establecer con firmeza que Dios es un ser justo, misericordioso, poderoso y santo que se deleita en compartir su perfecto amor con sus criaturas. La Biblia establece con claridad en Juan 3:16 y 17 que Dios amó tanto al mundo que entregó a su Hijo unigénito para que todo aquel que en Él creyere no se pierda, sino que tenga vida eterna. Además, dice que Dios no envió a Su Hijo al mundo para condenar al mundo, sino para que el mundo sea salvo por Él. Dios nos creó en perfección; es cierto que hubo una interrupción en su plan original con la entrada del pecado, pero para ello Dios también tenía la solución. Mientras que con el virus del pecado entró la desolación, enfermedad y muerte, por medio de la promesa y a través de Jesucristo podemos alcanzar la paz, felicidad, sanidad y vida, que era la armonía inicial de la cual gozaban nuestros primeros padres, Adán y Eva.

Permíteme ilustrar esta verdad de otra manera. El mundo es un gran hospital donde cada uno de nosotros lucha contra los estragos de la enfermedad y sus secuelas, sean estas físicas, mentales o espirituales. Haber trabajado en sala de emergencia me ayudó a visualizar la condición humana de esta manera. Por sala de emergencia entra el que desea, necesita o puede. Tanto es así que por ejemplo en los Estados Unidos hay dos leyes famosas que controlan los servicios de emergencia: COBRA y EMTALA. Estos estándares de cuidado establecen que cualquier persona que este sufriendo una condición grave debe ser atendida, o por lo menos estabilizada, sin importar la condición, raza, edad, sexo, etc. y sin importar si tiene recursos para pagar los gastos de la intervención médica.

Hay un punto importante que debemos destacar, el paciente o la persona a cargo debe aceptar recibir el cuidado ofrecido o disponible. En casos donde el paciente está inconsciente y no hay un encargado responsable o familiar presente, el equipo de salud está llamado a preservar la vida dentro de las posibilidades. Otra peculiaridad de trabajar en sala de emergencias es que comprendes la cruda realidad de que todos somos iguales al enfrentar la desgracia, una enfermedad grave, las serias complicaciones y consecuencias de una mala decisión, sobre todo cuando tenemos que enfrentar la muerte. En el plano espiritual es de manera similar. Sin importar nuestra condición, si creemos en Dios o no, Dios sigue siendo Dios, sigue mostrando Su amor, sigue ofreciendo restauración, sigue dispuesto a regresarnos la armonía interna que hemos perdido. Hay dos versículos que explican este principio. El primero se encuentra en Mateo 5:45 que dice:

«Para que seáis hijos de vuestro Padre que está en los cielos, que hace salir su sol sobre malos y buenos, y que hace llover sobre justos e injustos.»

Y el otro se encuentra en Números 23:19:
«Dios no es hombre, para que mienta,
Ni hijo de hombre para que se arrepienta.
Él dijo, ¿y no hará?
Habló, ¿y no lo ejecutará?»

En otras palabras, Dios siempre se acerca a nosotros para amarnos, cuidarnos y traer bendición. Lo malo, lo triste, lo desesperante, el dolor, la enfermedad, la injusticia y todas las cosas que son negativas provienen del enemigo de Dios, quien desde el origen del pecado ha deseado eliminar a Dios de nuestras vidas, distorsionar la idea que tenemos del carácter de nuestro Padre y apartarnos de la fuente de salud y vida. Debido a que Satanás no se puede comparar con Dios —y ni siquiera batallar en el mismo plano—, su estrategia consiste en hostigar, maltratar y herir a la raza humana con el fin de traer dolor y miseria para luego susurrar en nuestros oídos que nuestro Creador nos ha abandonado o no se interesa por Sus hijos.

Y es precisamente ahí donde muchos nos equivocamos al pensar que la tragedia, la enfermedad y las dificultades son enviadas por un Dios severo que castiga a sus hijos cuando no le obedecemos. Lo que es totalmente contrario al tierno y amante carácter de Dios. Por ejemplo, la Organización Mundial de la Salud (OMS) define a la salud como un estado de completo bienestar físico, mental y social, y no solamente la ausencia de afecciones o enfermedades. Lo que nos trae una vez más a ese estado de armonía entre lo físico, mental y espiritual del cual gozábamos al principio.

El ser humano fue creado con cuatro propósitos principales, estos son: creados para ser amados, creados para amar, creados para servir y creados para reinar.

Te propongo analizar estos cuatro propósitos bajo el concepto de una vida plena, una vida que disfruta y rebosa de salud física, una vida que triunfa y emerge de la paz mental y se eleva por medio de su transformada conciencia espiritual hacia ese estado de armonía total donde Dios regresa nuevamente a ser el centro de nuestra vida como nuestro Creador, Sustentador y Salvador. Después de todo, Dios nos dice en Juan 10:10 que el ladrón no viene sino para hurtar, y matar, y destruir las ovejas; mientras que Él ha venido para que tengamos vida, y para que la tengamos en abundancia. Hay buenas noticias, si nos colocamos en las manos de nuestro Hacedor, Él —como el alfarero divino— puede hacer de nosotros una nueva vasija. Dios ha trazado un camino seguro para que sus hijos alcancen la tan ansiada restauración total y completa.

Créeme, ¡te sorprenderán los resultados!

CAPÍTULO 2

UNA OBRA MAESTRA

EL MARAVILLOSO CUERPO HUMANO

Una de las verdades más hermosas contenidas en la Biblia es la declaración de que el ser humano fue creado a imagen y semejanza de Dios (Génesis 1:26). Como acto culminante de la obra creadora de este mundo, Dios trajo a la existencia a dos majestuosos seres en su género masculino y femenino a los cuales llama Adam o raza humana (Génesis 5:2). Estos fueron dotados de cualidades y características superiores a las de los demás seres y organismos creados. Portaban el sello de gloria celestial e irradiaban la realeza divina. Nuestra realidad actual no nos permite imaginar el potencial de estas criaturas perfectas en su modo original. Sin embargo, podemos deducir la majestuosidad de tan impresionantes y posibles capacidades de ese lejano comienzo cuando todavía hoy día observamos las grandezas y proezas del maravilloso cuerpo humano a pesar de los estragos causados por el pecado por miles de años.

¿Cuándo fue la última vez que hiciste un alto en las tareas diarias para observarte detenidamente, quizá frente a un espejo, y meditar sobre tus habilidades y destrezas? ¿Te fijaste en los detalles de tus ojos, la simetría de tus manos, las expresiones del rostro, la peculiaridad de tus dientes, los movimientos de tus dedos o las singularidades de tus pies? Hay muchas actividades, cosas o movimientos que realizas durante el día de los cuales ni siquiera te percatas porque tu cuerpo los realiza automáticamente.

Por ejemplo, imagina que estás acostado sobre la cama y decides buscar algo en la cocina. Sin pensarlo dos veces, te levantas, colocas tus pies sobre el suelo, giras al borde o pie de la cama, pasas por el lado de tu armario o mesa, atraviesas por el espacio de la puerta entreabierta de tu habitación, cruzas la sala y finalmente llegas a la cocina. Sin saberlo, tu cuerpo —con la ayuda de tu cerebro— hizo el recorrido en milésimas de segundos al acceder al archivo mental donde esa información ya estaba guardada debido a que es un patrón que has recorrido en múltiples ocasiones. Es territorio familiar para ti. Tu cuerpo calculó la energía que se necesitaba para los movimientos requeridos, tus músculos se tensaron o relajaron para la acción solicitada, tu ojo a través del nervio óptico que se conecta al cerebro midió la distancia entre tu cuerpo y cada objeto en la trayectoria y tu sistema nervioso envió los impulsos eléctricos necesarios para la acción. Todo fue realizado automáticamente sin requerir una toma de decisión en cada posible encrucijada del recorrido.

¿Sabías que el corazón y los pulmones son parte de tu sistema corporal autónomo? Es decir, aunque lo desees o intentes, no podrás controlar tus latidos o respiración como para detenerlos a demanda. Estos mecanismos fueron activados durante la gestación, en el caso del corazón; y en cuanto a los pulmones, los mismos fueron iniciados al momento de nacer cuando se expandieron por primera vez debido al cambio en presión de la bolsa amniótica a la superficie externa. ¿Y qué me dices de tus extraordinarios filtros como lo son tus riñones y el hígado? O quizás eso todavía no te parezca impresionante. ¿Qué tal el sistema integumentario, o sea la piel que cubre y protege todo tu cuerpo? Esta no solo cumple una función estética, es también la primera barrera contra posibles patógenos o infecciones.

Pero si realmente quieres entrar en aguas profundas al estudiar el cuerpo humano podrías indagar acerca del sistema digestivo con todas sus iniciativas, procesos y funciones tan estrechamente ligadas al sistema endocrino, circulatorio y linfático. Más impresionante aun es la función de nuestro propio sistema de alerta, un incomparable ejército de defensa contra cualquier enemigo interno o externo. Me refiero al sistema inmune, este mecanismo es simplemente fabuloso, no tiene rival. Es certero, rápido, eficaz y, sobre todo, capaz de individualizar la respuesta al enfrentar un sinnúmero de agentes extraños o particulares amenazas que constantemente están atacando nuestros mecanismos de defensa con el fin de alterar nuestra homeostasis y por ende causar estragos o enfermedad. O sea, nos enfermamos porque el cuerpo ha agotado todo esfuerzo posible en contener o eliminar al invasor o patógeno. Entender la complejidad de todos estos procesos y sistemas nos ayuda a captar el alto grado de especificación, funcionalidad y fineza que componen nuestro cuerpo.

Y TODO ESTO SIN SIQUIERA HABLAR O REFERIRNOS AL CEREBRO HUMANO.

Este órgano continúa desafiando a los expertos e investigadores ya que en palabras sencillas está *fuera de liga,* como decimos coloquialmente en Puerto Rico. Por lo que se conoce de su anatomía y fisiología, así como los innumerables enigmas que lo rodean, los científicos entienden que no hay comparación. No hay nada en este mundo capaz de igualar su capacidad y funcionalidad.

Entiendo que tu mente inmediatamente pensó en los avances actuales por medio de la inteligencia artificial. Pero no te confundas, el hecho de que una máquina pueda ser más rápida o fuerte no es indicativo de superioridad. Estas computadoras son incapaces de producir los complejos procesos biológicos de nuestro cuerpo, así como la capacidad de razonar, pensar y sentir. Su supuesta inteligencia está basada en algoritmos y parámetros establecidos por sus creadores, lo que a su vez establece límites. Lo que nos lleva a contemplar y admirar con asombro la grandeza de nuestro amante Creador al dotar a la humanidad con tan exquisito, exótico e increíble cuerpo. Y como buenos mayordomos de este inmerecido don es que podemos captar la importancia de promover y conservar la salud integral donde cuidamos de las tres dimensiones mencionadas anteriormente, las cuales son la mente con sus emociones y sentidos, el cuerpo y el espíritu. Pilares distintivos que demuestran, tal como dice la Palabra de Dios, de que fuimos creados a Su semejanza. Las criaturas de un ser tan majestuoso no podrían ser de otra manera. Y aunque el pecado trajo consigo la enfermedad, el envejecimiento y la muerte, debemos mantener nuestro enfoque en las promesas divinas de cuidado, protección y sanidad cuando nos colocamos en sus manos y con fe clamamos por el cumplimiento de estas promesas en nuestra vida durante el breve paso por este mundo.

Después de todo, fuimos creados para vivir por la eternidad, lo cual se contrapone a la pobre y limitada oferta de estragos, penurias, desgracias y desilusiones que nos ofrece el enemigo de Dios. Llevamos en nuestro ADN espiritual un código divino que constantemente desea recordarnos que fuimos creados para ser amados por nuestro Padre Celestial, quien ha hecho todo lo necesario para que por medio de la transformación y regeneración de este estado mortal muy pronto regresemos de vuelta a casa bajo las mismas condiciones de aquella perfección original. ¡Eso sí que será un cambio de apariencia, salud, lozanía y vitalidad total!

EL MITO DE LA FUENTE DE LA JUVENTUD Y BELLEZA

Al pensar en mis años de enseñanza primaria, recuerdo que en la clase de historia latinoamericana de a finales del siglo XIV y comienzos del siglo XV, especialmente la historia de la conquista española en el nuevo continente, la maestra nos habló de la intrépida búsqueda de Juan Ponce de León y la fuente de la juventud. Y no solo él, muchos otros conquistadores ansiaban encontrar tan preciado tesoro. Si nos remontamos a un pasado más lejano, los egipcios fueron otra civilización amante de la belleza y lozanía de la juventud. Muchas de sus ceremonias y costumbres eran dedicadas al cuidado de la imagen, la estética y la salud física. La famosa reina Cleopatra es conocida por supuestamente embrujar a los hombres con un especial y único perfume. Un reciente artículo en la cadena noticiosa CNN sobre el descubrimiento, en el siglo XIX, de unos cráneos egipcios con más de 4,000 años de antigüedad que muestran evidencias de que los egipcios ya realizaban intervenciones quirúrgicas avanzadas; apuntando una vez más a la importancia que los egipcios daban a la salud y cuidado del cuerpo.

Los griegos fueron otra civilización importante estudiosa y amante de la salud y belleza. Así mismo fueron los que introdujeron un concepto diferente sobre el cuerpo físico, la mente y lo que determinaron como *alma*. En este periodo de la historia se insertaron conceptos que denominan al cuerpo como algo malo, pecaminoso y con tendencias al mal. Una mezcla entre la mente y el alma, o la parte espiritual, fue colocada en una esfera más elevada donde se comenzó a buscar la pureza o santidad de esta, separada de lo pecaminoso del cuerpo físico. Esto causó un quiebre en la manera en que la sociedad percibía, apreciaba o incorporaba los conceptos de belleza, bienestar y salud. Los filósofos, médicos y pensadores de la época abogaron por métodos y razones elaboradas para mitigar y subyugar lo pecaminoso del cuerpo con la intensión de revivir o encontrar la verdadera belleza física e interna controlada por un alma pura y sublime. Como resultado de estas filosofías hemos heredado y adoptado varios de estos conceptos a nuestra manera de abordar, captar y definir lo que aceptamos como bello, agradable y saludable. Lo que en muchos casos lleva a conclusiones o suposiciones erradas de lo que verdaderamente comprende la salud o el bienestar humano.

Hoy día, la ciencia y los avances tecnológicos han alcanzado inimaginables alturas en su intensa búsqueda de la elusiva eterna juventud y la excelencia física. Es así como entre fábulas, leyendas, descubrimientos científicos y hechos históricos todavía hoy día, consciente o inconscientemente, la humanidad permanece en una constante e incansable búsqueda que le permita mantenerse joven, fuerte y atractiva por más tiempo. Las estadísticas mundiales de la industria de la belleza indican que, durante el año 2022, los seres humanos invirtieron 504 billones de dólares en productos de belleza. Los mayores segmentos se dividen entre productos para el cuidado de la piel con un 42 % del gasto total, cuidado del pelo con un 24 % y 20 % para los productos de maquillaje. Y esto solo para mantener o intentar mejorar la apariencia.

¿Qué se puede decir de los gastos en los servicios de salud dirigidos a mantener, cuidar o mejorar la salud física? Solo en los Estados Unidos de Norteamérica, durante el año 2022 se invirtieron $4,255.1 billones en el cuidado de la salud. De este gran total se destacan algunas categorías: $1,323.9 billones fueron destinados a los cuidados por entidades hospitalarias, $680.4 billones a otros cuidados de salud personal, $633.4 a servicios médicos y $378 billones a medicamentos prescritos.

No cabe duda de que la imagen externa y la salud física ocupan un lugar de gran importancia en la vida de los seres humanos; muchas veces creando tensión o conflicto, debido a esto se produce un desequilibrio en nuestro ser que rompe la homeostasis que debe permanecer entre los planos físico, mental y espiritual. También se corre el riesgo de crear una falsa dependencia de la belleza física externa que impulsa al ser humano al peligroso orgullo y la autoexaltación. En ocasiones hasta se comete el error de considerar que una apariencia externa que luce saludable y atractiva es siempre indicativa de la salud interna; pero clínicamente se ha comprobado que no es cierto. Debido a esto es que encontramos personas de elevados recursos que venden una imagen externa perfecta con la ayuda de costosos productos de belleza, al igual que intervenciones quirúrgicas o procedimientos clínicos con el fin de mantener esa tan deseada apariencia. Sin embargo, sus seguidores o fanáticos son sorprendidos al saber que dicha persona tiene una grave enfermedad, un padecimiento de la alteración mental o incluso que perdió la vida.

Un ejemplo de esto es la reciente información en los medios noticiosos sobre el diagnóstico de cáncer de la princesa de Gales, Catalina Middleton. Me parece que nadie desea que algo malo le suceda a la princesa, más aún cuando se espera que ella tenga a su disposición todos los recursos disponibles para mantener la salud. Yo me uno al grupo de personas que está orando para que la princesa salga victoriosa de esta amenaza. Lo que nos lleva a una realidad latente: sin lugar a duda en este mundo todos estamos expuestos al deterioro físico, el envejecimiento y la muerte. La diferencia estriba en con cuánta gracia y sabiduría enfrentamos y atravesamos esta realidad humana para salir de ella victoriosos. Pero la clave está en el lugar que ocupa Dios en nuestras vidas.

LA IMPORTANCIA DE LA ARMONÍA

En Job 38:7, haciendo referencia a la armonía celestial que existía desde los mismos comienzos del universo y la obra creadora de Dios en oposición a la frágil y limitada existencia de Job, el Creador le pregunta a Job dónde estaba él cuando alababan todas las estrellas del alba, y se regocijaban todos los hijos de Dios. Lucifer era uno de estos hijos que se regocijaba en alabarlo y servirle. Él era un ángel exaltado, creado en máxima belleza y esplendor hasta que de su ser surgió una nota discordante. Una nota que continuó pulsando una melodía diferente y extraña que ya no se complacía en la gratitud y alabanza hacia el divino Creador, sino que se deleitaba en su propia belleza externa y el deseo de ser igual a Dios. Esto lo encontramos de manera detallada en Isaías 14 y en Ezequiel 28. La descripción de este hermoso ángel, en el momento que fue creado, denota el amor, dedicación y esmero del Creador al formarlo. Y como todo ser pensante, Lucifer poseía el libre albedrío, el derecho a escoger una existencia plena y armoniosa en Dios o separarse de su Hacedor. Tenía el derecho... lo que Lucifer olvidó o no comprendió es lo que dice en Juan 15:5:

«Yo soy la vid, vosotros los pámpanos; el que permanece en mí, y yo en él, este lleva mucho fruto; porque separados de mí nada podéis hacer.»

Dios como ser supremo y Creador mantiene en el ámbito espiritual un hilo dorado de conexión con cada una de sus criaturas por el cual provee la chispa de vida hasta que esta regresa a Él, tal como no los presenta la Palabra de Dios en Eclesiastés 12:7: «Y el polvo vuelve a la tierra, como era, y el espíritu vuelve a Dios que lo dio.» En palabras más simples, cuando nos referimos a lo que significa vivir nos referimos a una existencia que está y permanece conectada al Creador, porque solo Dios es quien puede mantener la verdadera armonía en nuestro ser tridimensional.

Comprendemos que Lucifer y los ángeles fueron una creación diferente al ser humano, pero la fuente de vida sigue siendo Dios. Este ser majestuoso confundió y despreció los valores internos de integridad, humildad, gratitud y amor hacia Dios y, en cambio, se arrodilló y declaró su lealtad a la vanidad, autocomplacencia, envidia y belleza externa. Y estos sentimientos negativos y extraños hasta ese momento para el resto del universo es lo que nos fue traspasado a la raza humana con la entrada del pecado. A partir de la caída recibimos conceptos de belleza, pureza y moralidad alterados.

Ahora, observemos el deterioro de la vida humana. La sociedad se mueve en círculos viciosos donde el orgullo y la autoexaltación dominan a la razón. Se pierde de vista el valor de comprender que la integridad es más importante que la belleza externa. Se ridiculiza a los que intentan exaltar los conceptos morales y se desprecia a los que demuestran altruismo, un espíritu de servicio y abnegación, así como a aquellos que luchan por mantener en alto el anhelo de superación y entrega. Un ejemplo clásico, por lo menos en la sociedad americana, es la indiferencia que algunas personas muestran hacia los hombres y mujeres que deciden servir en nuestras fuerzas armadas. Yo trabajé para y con ellos por más de 30 años. ¿Tienes idea del sacrificio y dedicación necesarios para servir a la nación? ¿Entiendes los sueños y planes colocados a un lado hasta que cumplan su tiempo en el servicio militar? ¿Sabes de los sacrificios por los que atraviesan sus familias? ¿Conoces de los traumas, el dolor y el sufrimiento de los que regresan sin una parte vital o funcional de su cuerpo? Pero no es esto lo que quiero resaltar, por el contrario, deseo hablar de su espíritu de lucha contra las adversidades. Deseo resaltar su esfuerzo para superar los obstáculos, su entrega durante la rehabilitación porque entienden que como individuos ellos son mucho más que una apariencia externa. Porque comprenden la importancia de proteger su mente contra el desánimo, la soledad y la desesperación. Y también entienden que para sobrevivir es necesario mantener su brújula espiritual intacta. Siempre hay un norte que los dirige. Son un ejemplo de individuos que son capaces de autoevaluarse. Se preguntan: «¿Qué estoy dispuesto a aceptar como calidad de vida?» Más importante aún: «¿Qué haré para salir del lugar o situación en la que me encuentro?»

La Biblia está llena de ejemplos de grandes hombres y mujeres que tuvieron que enfrentar enormes vicisitudes y obstáculos antes de disfrutar del fruto de su entrega y esfuerzo. Encontramos a una Ana desesperada y agobiada porque, siendo estéril, deseaba un hijo que luego entregó al servicio de Dios. Un José que fue vendido como esclavo, acusado falsamente, encarcelado y humillado para luego llegar a ser el segundo después de faraón. Un Daniel que fue arrancado de su ambiente familiar para luego hacer despliegue triunfal de lo importante de cuidar la alimentación y el cuerpo; y ahora es conocido como uno de los profetas mayores. ¿Qué me dices del sufrimiento de Job? Aparte de perder todo lo material, perdió a sus hijos; pero luego todo le fue devuelto. Y de aquí pasamos al ejemplo de Sara, la esposa de Abraham. En los párrafos anteriores hemos hablado de capacidad mental unida a inteligencia emocional, integridad espiritual y belleza física. Y Sara era una mujer que, dentro de la trama social de la época y su entorno familiar, destacaba por su belleza física, su lealtad y perseverancia. No una, sino dos veces fue llevada ante dignatarios; uno fue el faraón y el otro el rey Abimelec, y ambos tuvieron la intensión de poseerla debido a su destacada belleza; pero luego hubo intervención divina y su esposo Abraham terminó siendo beneficiado y respetado por esos mismos reyes. Más adelante en la historia, ¡vemos a una Sara que a los 90 años de edad llegó a concebir y dar a luz a un niño! Es como si Sara hubiese encontrado el secreto de la juventud. La Palabra de Dios añade en Hebreos 11:11:

«Por la fe también la misma Sara, siendo estéril, recibió fuerza para concebir; y dio a luz aun fuera del tiempo de la edad, porque creyó que era fiel quien lo había prometido.»

Todo esto nos demuestra que definitivamente la plenitud del ser humano encierra algo más allá de lo físico, lo mental y lo espiritual de manera individual. Como seres humanos no podemos ni debemos tomar postura alguna donde una de estas dimensiones o áreas se sobrepone a la otra. La perfección en la cual nuestro organismo fue creado inicialmente nos advierte contra tal acción; y tomamos conciencia de ello al hacer un alto en nuestra atareada y apresurada existencia para, con humildad y sinceridad de propósito, observar la conectividad y compenetración latente de nuestro organismo en estas tres áreas, sin pasar por alto el entender y aceptar que dependemos de Dios para el verdadero y permanente desarrollo de estas bajo su lente de amor y excelencia.

He aquí la importancia de lo que Jesús vino a restaurar en y por nosotros. No solo Jesús pagó la deuda del pecado, junto con ese don inmerecido también viene el ofrecimiento de ser restaurados a nuestro plano original. Lo que quiere decir que el ofrecimiento de vida eterna envuelve la restauración de aquella armonía perdida, aquella verdadera homeostasis que hace que nuestro ser palpite al ritmo y melodía de una perfecta alabanza hacia nuestro Creador.

Siendo esto una realidad en nuestra vida cuando permitimos que nuestro cuerpo físico llegue a ser templo del Espíritu Santo, nuestra mente logre expandirse y elevarse de manera que sea el trono de la plenitud en Cristo y que nuestro espíritu pueda vibrar y moverse al compás y dirección del Padre. Y por supuesto con la bendita esperanza de que la restauración total y completa en nuestras vidas ocurrirá cuando Jesús regrese a llevarnos de vuelta a nuestra patria celestial.

Te invito a que analicemos en los próximos capítulos cada una de estas dimensiones por separado y aprendamos más de sus peculiaridades y capacidades extraordinarias.

AUTOEVALUACIÓN Y REFLEXIÓN

1. En tu experiencia, ¿cómo defines la belleza, salud, vitalidad y juventud?

2. ¿Qué lecciones puedes sacar de la vida de Sara?

3. ¿Cómo entiendes o percibes el proceso de madurar o envejecer? ¿Sientes temor ante este proceso o lo esperas y vives con confianza?

4. ¿Cuál es tu estándar de salud y belleza?

CAPÍTULO 3
LA DIMENSIÓN FÍSICA

CONOCIENDO MEJOR A TU CUERPO

La salud en general se ha convertido en un lujo para muchas personas ya que, de acuerdo a un estudio del año 2020, un poco más del 40 % de la población mundial se encuentra fuera del alcance de lo que los expertos consideran una dieta saludable. Este triste cuadro dista mucho del plan original divino que contemplaba la excelencia del ser humano y el ambiente que lo rodeaba. Es probable que en esa excelencia era lo que pensaba el salmista cuando escribió:

«Porque tú formaste mis entrañas; tú me hiciste en el vientre de mi madre. te alabaré; porque formidables, maravillosas son tus obras; estoy maravillado, y mi alma lo sabe muy bien.» Salmos 139: 13-14

La mayoría de las personas hoy día dan por sentado o ignoran por completo las extraordinarias ventajas y habilidades de gozar de un cuerpo saludable. Y te preguntarás ¿qué significa tener un cuerpo saludable? Considerando la definición de salud de la Real Academia Española significa que nuestro cuerpo estaría en un estado en el que puede ejercer normalmente todas sus funciones. El problema con esta definición tan amplia es que deberíamos tener un claro entendimiento de lo que es *normal* y lo que representan *todas las funciones.* A donde quiero traer tu mente es a que medites seriamente sobre las propiedades maravillosas e incomparables del organismo al cual llamamos cuerpo humano. Comenzando por los sentidos: podemos degustar, oler, tocar, escuchar y ver. Ahora, ¿qué conlleva activar cada uno de estos sentidos? Por ejemplo, ¿cómo es que podemos disfrutar del sabor de algún alimento? Los científicos saben que, aparte de unos pequeños órganos sensoriales en nuestra lengua que nos permiten percibir los diferentes sabores, también están envueltos el sentido del olfato y la vista, los cuales complementan la sensación que experimenta el cerebro para identificar un sabor en particular y si este es agradable o no. ¿No te resulta interesante? Ya que comenzamos hablando del gusto creo que sería lógico considerar el proceso de digestión.

El médico griego Hipócrates, considerado como uno de los padres de la medicina moderna, por allá cerca del año 400 AC, dijo una de sus famosas frases: «La salud comienza en el intestino». Y eso es precisamente lo que las últimas investigaciones científicas han comprobado. Lo que se conoce como el microbioma y la microbiota ha revolucionado el campo médico. El microbioma se refiere al espacio de residencia de los microorganismos; y la microbiota, a los organismos que viven en ella. ¡Podríamos concluir entonces que Hipócrates tenía razón! Sin embargo, antes de darte más detalles concernientes a la evidencia que comprueba lo dicho por Hipócrates, la digestión y el microbioma, quisiera describirte en palabras sencillas y sin ninguna terminología médica elaborada lo que envuelve el funcionamiento básico de un cuerpo humano saludable.

Enfocándonos en una anatomía saludable y de forma general diríamos que este cuerpo que estaríamos describiendo posee:

- Una piel lozana e intacta.

- Tiene buen turgor, color y temperatura.

- **Una mente o cerebro alerta a tiempo, espacio** y persona capaz de enviar mensajes y procesar información mediante la conexión de sus neuronas. Allí encontraríamos al sistema nervioso central con sus doce pares de nervios craneanos y al sistema nervioso periférico.

- **El corazón, que funciona de manera autónoma,** junto con su red de vasos sanguíneos entre arterias, venas y capilares responsables de llevar la sangre oxigenada y los diferentes nutrientes a las células como las vitaminas, minerales, enzimas, aminoácidos, hormonas, neurotransmisores y otros componentes químicos importantes.

- **Los pulmones los cuales deben expandirse a capacidad,** permitiendo el libre paso del aire durante la inhalación y exhalación para que pueda ocurrir el intercambio necesario entre el oxígeno y el dióxido de carbono a nivel celular.

- **Un sistema digestivo** que incluye la boca, los dientes, la lengua, las papilas gustativas, la saliva, la faringe o garganta, el esófago, el estómago, el intestino delgado, el intestino grueso y el ano, donde todos estos juegan un papel importante y tienen una función específica.

- **El hígado el cual es una tremenda fábrica en sí mismo.** La vesícula biliar y el páncreas los cuales ayudan produciendo jugos digestivos, hormonas y enzimas que ayudan con la digestión.

- **Los riñones y la vejiga urinaria** mayormente responsables de filtrar y mantener el equilibrio de electrolitos y líquidos.

- **Los órganos reproductivos, tanto del hombre como de la mujer,** haciendo la importante distinción genética entre solo dos géneros en el ser humano con sus distintivas hormonas de la sexualidad que proveen caracterización y personalidad única y son responsables de la procreación de la especie.

- **Los músculos que proveen la fuerza para nuestros movimientos y acciones, así como dar forma de manera estética a nuestro cuerpo.** El sistema óseo proporciona el caparazón o armadura que fortalece a los músculos, al mismo tiempo que sostiene y protege al resto de los órganos antes mencionados. Estos dos últimos sistemas se complementan a través de tendones, ligamentos y articulaciones responsables de dar vida a nuestros movimientos, gesticulaciones y actividades motoras.

- **El sistema inmune que nos defiende de las enfermedades al neutralizar a los constantes patógenos como los virus, bacterias, hongos y parásitos.** Este sistema posee dos grandes divisiones que comprenden: El sistema linfático, encargado de drenar los desechos en el cuerpo, y el sistema glinfático, que hace la misma función, pero en el cerebro.

Y aunque cada uno de estos sistemas u órganos en sí mismo es un complejo mundo de funciones químicas y procesos biológicos, todos se sincronizan y trabajan en armonía para mantener la homeostasis corporal que resulta en un organismo integral saludable.

Aparte de lo expuesto anteriormente debemos considerar las diferentes etapas de desarrollo, lo que comprende el proceso de envejecimiento y los cambios hormonales específicos en los hombres y las mujeres para tener un amplio y balanceado concepto de lo que se espera de un organismo saludable en cada una de estas etapas y según el género. Las necesidades biológicas del organismo son diferentes a medida que crece y se desarrolla. Y todo esto es estudiado, analizado y protegido bajo lo que actualmente se conoce como la medicina holística o integral.

Me esforcé para simplificar los increíbles e intrincados procesos que nuestro cuerpo realiza a diario, esperando que comprendas la enorme complejidad que conlleva tener y mantener un cuerpo saludable. Tu cuerpo y el mío funcionan de manera autónoma cuando lo respetamos manteniendo una buena higiene y le damos el alimento adecuado y sano, el descanso apropiado, así como la atención y cuidados necesarios.

Es por eso que la Biblia nos exhorta en 1 Corintios 10:31: «Si pues, coméis o bebéis, o hacéis otra cosa, hacedlo todo para la gloria de Dios.» Debemos tener presente que nuestro cuerpo es templo del Espíritu Santo y por lo tanto debemos dar cuenta a Dios de su cuidado y uso.

HEMOS PERDIDO EL ENFOQUE

Me gustaría regresar al postulado de Hipócrates: la salud comienza en el intestino. Y ahora analicemos esta frase desde el ángulo espiritual. Cuando Dios creó a la primera pareja, la colocó en un hermoso huerto el cual debían labrar y cuidar, proveyendo así la actividad física necesaria y donde estaban rodeados de hermosas flores, aire puro, fuentes de agua cristalina, luz solar y alimento abundante y apropiado bajo un ambiente libre de estrés. ¿Cuál era su alimento? Bueno, la Biblia nos lo dice claramente en Génesis 1:29:

«Y dijo Dios: He aquí os he dado toda planta que da semilla, que esta sobre toda la tierra, y todo árbol en que hay fruto y que da semilla; os serán para comer.»

Claramente el Creador del ser humano, quien sabe cuál sería el alimento óptimo para el organismo que acababa de crear, les indicó que su dieta debería ser a base de plantas. Lo que implica comer variedad de frutas, vegetales, granos integrales, legumbres, oleaginosas y grasas monoinsaturadas, como el aceite de oliva y otros aceites vegetales. Sin embargo, el hombre una y otra vez se ha encargado de pervertir o alterar este sencillo régimen alimenticio recargando y maltratando a su propio cuerpo mediante la complacencia de un apetito pervertido. Como dato importante me gustaría señalar que el pecado entró a este mundo por comer de un fruto prohibido para el consumo (Génesis 2). Haciendo un giro de lo espiritual hacia el aspecto carnal o humano, debo destacar que, a través de los años, la dieta se ha ido deteriorando cada vez más con la adición y el exceso del uso de la carne como alimento, la desproporción en el comer o glotonería, el aumento de productos azucarados como los postres, pasteles y tortas, así como la integración de vicios o malos hábitos como lo son el uso de tabaco y sus derivados y el consumo de alcohol. Por otro lado, actualmente en los países desarrollados hay un alto porcentaje de alimentos procesados en la dieta que los científicos entienden son responsables en parte por la actual epidemia de obesidad y complicaciones derivadas de esta, así como la mayoría de las enfermedades crónicas. Es aquí donde debemos recordar la importante ley de causa y efecto. De esta manera se cumple el famoso postulado que dice: «Somos lo que comemos.»

Las malas noticias continúan porque también hay que considerar la proliferación y el consumo de medicamentos prescritos y los que podemos obtener sin receta y el uso de drogas ilícitas que afectan al organismo debido a sus indeseados efectos secundarios y posible codependencia. Debemos añadir la falta de ejercicio físico, la desmesura en el trabajo, falta de descanso, la intemperancia en todas las áreas, el incremento del estrés y por consiguiente la terrible ansiedad. Cada uno de estos malos hábitos atenta diariamente contra la salud integral y roba al organismo de la debida homeostasis, interrumpiendo así los procesos biológicos que el cuerpo debe completar para mantener dicho balance. En condiciones normales el organismo fue creado para funcionar enérgicamente durante las horas del día; y en la noche, cuando nos retiramos al descanso y dormimos, el cuerpo trabaja en reparar cualquier alteración o daño que ocurrió durante ese día para nuevamente estar listo a la mañana siguiente. Si lo descrito anteriormente no ocurre, comenzamos a tener desequilibrios orgánicos en nuestras funciones vitales. A pesar de todos estos ataques conscientes o inconscientemente debemos recordar que la enfermedad no llega hasta que las barreras naturales y los constantes y especializados esfuerzos del cuerpo por mantener el equilibrio son superados. El problema es que el cuerpo está perdiendo la batalla en su capacidad de combatir los patógenos y los abusos contra él para prevenir las enfermedades y lograr la tan necesaria autoregeneración que sería el resultado esperado en condiciones óptimas. En los últimos años ha habido un incremento de estudios clínicos y científicos que apuntan a que el intestino encierra muchas de las respuestas a las interrogantes y enigmas que presentan la manifestación de las enfermedades graves y crónicas como resultado de todos estos abusos y descuidos.

LA MICROBIOTA Y NUESTRO JARDÍN INTERNO

Desde el siglo XIX, con los avances en la medicina y todavía hoy día en el siglo XXI, se entiende que el 90 % de las enfermedades tienen origen psicosomático debido a la influencia que ejerce la mente sobre el cuerpo. Según las estadísticas de la Organización Mundial de la Salud (OMS), entre las principales causas de muerte a nivel mundial se encuentran:

- Las afecciones cardiacas isquémicas.
- Los accidentes cerebrovasculares.
- La enfermedad pulmonar obstructiva crónica.
- Las infecciones de las vías respiratorias transmisibles.
- La diabetes.
- Y el cáncer.

Los centros hospitalarios y las oficinas de los doctores encargados del cuidado primario parecen no contar con los recursos necesarios para suplir la demanda del volumen de pacientes aun en los países desarrollados. En cuanto a los servicios médicos ofrecidos a los clientes, llega a ser obvio el sentir que la medicina actual está demasiado enfocada en los síntomas y no necesariamente en la raíz del problema. Lo que a su vez ha creado el monstruo farmacéutico comercial donde para cada síntoma hay decenas de alternativas disponibles con medicamentos que deben ser tomados de por vida, pero que no logran la cura de la afección. Como resultado ha ocurrido un resurgimiento exponencial de la medicina alternativa y natural llamada naturopatía, así como una nueva disciplina dentro de la rama médica llamada medicina funcional.

Las últimas y más recientes investigaciones apuntan a la importancia de la microbiota en los intestinos y la manifestación de la enfermedad. Los científicos e investigadores han descubierto nuevas evidencias que demuestran la relación que ejerce el nervio vago entre el cerebro y el intestino. A través de esta conexión el nervio vago envía señales entre el intestino, el corazón, los pulmones y otros órganos vitales.

El vínculo del cerebro con el intestino es tan fuerte que se ha llegado a denominar el eje-intestino-cerebro mientras otros lo llaman el segundo cerebro. ¿Pero dónde se originan los mensajes? Es aquí donde llegamos a la famosa microbiota. La ciencia ha descubierto que nuestros intestinos poseen una flora microscópica en sus paredes. Esta flora está compuesta por trillones de diferentes microbios (organismos unicelulares que incluyen bacterias, virus, hongos y parásitos) que viven de manera simbiótica y se comunican entre ellas, controlando así muchas de nuestras funciones biológicas. También se sabe que una microbiota saludable mantiene el balance entre lo que podría considerarse los microbios buenos y aquellos que, si aumentan en número, pueden ocasionarnos daño. Se cree que estos microbios realizan su trabajo por medio del nervio vago, por la vía sistémica al segregar hormonas, metabolismos y neurotransmisores y, por último, mediante el sistema inmune y las citocinas las cuales son unas proteínas que controlan la actividad de algunas células del sistema inmune y del sanguíneo. Tenemos un complejo y variado jardín en nuestro intestino con su propio ecosistema ¡al cual es imperativo cuidar!

Otro hallazgo importante es que se entiende que en el intestino radica del 70 al 80 % de nuestro sistema inmune. ¡Entonces es cierto el postulado que indica que somos lo que comemos! Ya que lo que ingerimos o dejamos de ingerir afectará ya sea positiva o negativamente el estado de nuestro sistema inmune, el responsable de protegernos contra los malestares y la enfermedad. Si realizas una búsqueda en Internet o en Netflix encontrarás varios documentales interesantes donde explican y presentan estos nuevos avances y descubrimientos sobre la salud del intestino, la microbiota y su función.

Esto también explica y da fundamento al estilo de vida en las denominadas Zonas Azules de las cuales también han hecho varios documentales debido a que en estas zonas es donde hay mayor proporción de personas que sobrepasan los 100 años de manera o en condición saludable, sin la dependencia de fármacos, sin enfermedades crónicas ni dependientes de equipo médico para poder disfrutar de una mejor calidad de vida. ¿Qué encontraron los estudios e investigaciones realizadas en estas áreas del mundo? Encontraron que todos ellos poseían ciertas cosas en común. Los hallazgos o conclusiones mostraron que la clave para una vida plena y saludable incluye:

- Una dieta simple, balanceada, libre de alimentos procesados.
- El descanso apropiado.
- Luz solar.
- Aire puro.
- Suficiente ejercicio.

- Motivación en la vida.
- Confianza en Dios.
- Y relaciones sociales saludables.

Esta es la evidencia para que comprendamos que debemos cuidar a nuestro cuerpo. Debemos cuidar lo que comemos, ya que repercute en las funciones de nuestros órganos físicos vitales. La parte crucial derivada de lo que representa la salud como un todo es que la dimensión de la mente y la dimensión espiritual no pueden funcionar de manera óptima si primero no cuidamos y fortalecemos nuestra salud física. Ya que a partir de una alimentación y manutención física apropiada es que podemos cuidar de nuestra mente y nuestra esfera espiritual. El punto crítico es que lo opuesto también es cierto. Gozar de una mente saludable y un nivel espiritual en armonía con nuestro Creador es lo que nos permitirá comprender la importancia de controlar nuestro apetito y, por ende, cuidar a nuestro cuerpo. La conexión entre las tres dimensiones es inquebrantable. Pero estas otras dos dimensiones las exploraremos en más detalle en los próximos capítulos.

Al comienzo mencioné que el pecado entró por la alteración de la alimentación. Medita en que Eva, en el jardín del Edén, tenía todo lo que necesitaba para vivir una vida plena, incluyendo variedad de alimento sano y nutritivo. Ella no pasaba hambre ni tenía alguna deficiencia alimenticia. Sin embargo, escogió, tomó la decisión de comer de la fruta de la cual Dios había advertido que no lo hiciera. Otro vivo ejemplo lo encontramos en el libro de Números capítulo 11. Allí está plasmado un episodio triste en la vida del pueblo de Israel. A pesar de que Dios milagrosamente los había rescatado de la esclavitud egipcia y protegido en el desierto proveyendo seguridad, agua y alimento del cielo a través del maná, el pueblo extranjero que se mezcló con Israel en su salida de Egipto, en un acto de rebelión y desprecio por su líder, comenzó a desear carne como alimento y expresó descontento por su situación. Lo más triste fue que los israelitas se unieron en la rebelión. Dios no solo les envió carne, ¡sino que lo hizo por un mes entero! Y el relato dice que comieron carne hasta que les salió por las narices. Pero ni bien se llevaron la carne a la boca para masticarla ¡comenzó una terrible mortandad en medio del pueblo! El problema de todos los que murieron no fue necesariamente la carne, sino el desprecio que mostraron por Dios en Su tierno amor por Su pueblo, Su dirección y cuidado al brindarles alimento sano y agua para su sustento. Asimismo, quiero que medites en la primera tentación de Jesús en el desierto donde salió victorioso sobre Satanás. En Mateo capítulo 4 se nos presenta al enemigo de Dios tentándolo a que convirtiera las piedras en pan luego de haber estado 40 días en ayuno. A lo que Jesús directamente contestó:

—No solo de pan vivirá el hombre sino de toda palabra que sale de la boca de Dios.

Nuestros primeros padres cayeron por el apetito; pero es ahí precisamente donde Jesús en su camino al triunfo sobre el pecado obtuvo victoria sobre lo que se había convertido en un apetito pervertido y depravado. Y con su victoria nosotros también podemos vencer este mal. El primer paso para recuperar la armonía perdida es rescatar tu dimensión física, la cual comienza por restaurar tu apetito. Comienza por entender que debemos cuidar lo que ingerimos, debemos respetar las leyes naturales que rigen nuestro organismo y descansar en la promesa de Dios que se encuentra en 3 Juan 2:

«Amado, yo deseo que tú seas prosperado en todas las cosas, y que tengas salud, así como prospera tu alma.»

EVITA LA TRAMPA COMERCIAL Y LA PÍLDORA MÁGICA

Si hay algo de lo que nunca debes dudar es del interés que Dios, tu Padre Celestial, tiene por tu bienestar. Lamentablemente la separación causada por el pecado entre Dios y el hombre ha logrado que olvidemos muchas de las promesas de cuidado y protección que ese mismo Dios nos dejó en Su Palabra. Como prueba de ello tenemos los milagros de sanidad que Jesús hizo mientras estuvo en esta tierra: se acercó al dolido y sufrido ser humano no solo para perdonarle sus pecados sino para restaurar su vitalidad perdida y sanar sus enfermedades.

En aquel entonces, así como ahora, los que se encargaban de cuidar a los enfermos estaban agobiados por el avance y destrucción causada por las diversas enfermedades y padecimientos para los cuales en la mayoría de los casos no hay solución. Simplemente se ofrecía un seguimiento y manejo de la enfermedad orientado a aliviar el dolor y el sufrimiento. Y mientras que, en la actualidad, estas mismas instituciones son excelentes para atender la necesidad aguda o repentina —como lo es una fractura de hueso, un ataque cardiaco, una cirugía o una herida grave—, también hay que reconocer que como sociedad no estamos haciendo muy bien para tratar con efectividad las enfermedades crónicas o prevenibles. Fácilmente podríamos echarle la culpa a los intereses privados como los planes médicos o a las empresas farmacéuticas; sin embargo, en este contexto, la culpa radica en cada uno de nosotros que hemos olvidado o peor aún puesto a un lado, y descartado el método divino para gozar y mantener la salud.

En el libro de Deuteronomio, cuando Moisés se estaba despidiendo del pueblo antes de su muerte y la entrada del pueblo en la tierra prometida bajo el mando de Josué, muy claramente él les dijo que, si ellos obedecían sus mandatos y guardaban su ley, Dios apartaría de ellos la enfermedad. Ninguna de las enfermedades de las que padecían los egipcios les tocaría a ellos. Obedecer las leyes naturales de nuestro cuerpo, vivir razonando de causa a efecto reconociendo que Dios espera que nosotros presentemos nuestro cuerpo «en sacrificio vivo, santo, agradable para él» (Romanos 12:1) debería ser nuestro estilo de vida. Los últimos hallazgos en la medicina y los doctores en la medicina funcional apuntan a que las enfermedades crónicas se pueden revertir o evitar si estamos dispuestos a cambiar nuestros malos hábitos por un estilo de vida saludable.

TE OFREZCO UN SIMPLE EJEMPLO

Mi entrada a la fuerza laboral dentro de la enfermería fue influenciada por mi formación como enfermera misionera. La universidad en la que completé mis estudios instó muy profundamente en la mente de los candidatos a graduarse nuestra misión para servir y ayudar a restaurar la imagen perdida de Dios en todos nuestros futuros pacientes a través de la obra de salud. Cuando trabajaba en sala de emergencias, a menudo llegaban pacientes con dolor abdominal severo, vomitando o evacuando sangre. Debido a esto presentaban un cuadro clínico crítico con la presión baja debido a la perdida de líquido, anemia, alteración de electrolitos, ansiedad, en ocasiones con delirios y varias otras complicaciones. Tenía que correr inmediatamente a obtener un acceso intravenoso para que se le pudieran administrar los medicamentos de emergencia por vena, una vía más rápida, y colocar al paciente al monitor cardiaco porque si el sangrado no era controlado en poco tiempo era probable que se fuera en paro respiratorio o cardiaco. Mientras el equipo médico atendía la emergencia, tratábamos de obtener el historial clínico. En la mayoría de los casos estábamos frente a un paciente alcohólico. Si lográbamos controlar el sangrado y el paciente se estabilizaba, era transferido para ser admitido y luego de varios días; si no ocurría otra complicación era dado de alta. Como parte de la educación al paciente, antes de ser dado de alta había que incluir las instrucciones de que debía dejar de tomar bebidas alcohólicas. Instrucción que se sumaba a las otras innumerables instancias donde se le había repetido lo mismo durante otras visitas a la sala de emergencias o en la oficina de su médico primario. Lamentablemente el paciente no abandonaba su mal hábito y seguía preso de su mala decisión. No importaba cuántos medicamentos se le prescribieran o cuántas veces se atendiera la misma emergencia, mientras el paciente no dejara de consumir bebidas alcohólicas su estado de salud no iba a mejorar.

En mis comienzos como enfermera misionera y cristiana era difícil para mí aceptar y respetar la autonomía del paciente para tomar sus propias decisiones; pero debía hacerlo, aun cuando estas claramente atentaran contra su propio bienestar. Este mismo cuadro se repite una y otra vez de diferente manera cuando hablamos de las enfermedades crónicas, o sea, enfermedades como la diabetes, la hipertensión, las cardiopatías, los accidentes cerebrovasculares, la artritis y las denominadas autoinmunes, entre otras. Para estas, la medicina convencional ofrece en su mayoría el uso de medicamentos que deben ser consumidos de por vida. Medicamentos que los consumidores están dispuestos aun a exigir con tal de aliviar los síntomas, aunque estos no provean la cura. En su mayoría, estos medicamentos traen consigo un sinnúmero de efectos secundarios, en algunos casos perjudiciales o severos. El dilema es que gran parte de los pacientes no están dispuestos a cambiar hábitos o estilos de vida. Por el otro lado, también ha proliferado la venta y el uso desmedido de los remedios *naturales* o suplementos utilizados sin el conocimiento adecuado o sin que la persona esté bajo la dirección de un naturópata.

Muchos de estos llamados suplementos no han sido elaborados en condiciones seguras como para proteger la integridad del producto, lo que inevitablemente los hace inefectivos o quizá peligrosos. Sin contar el hecho de que las vitaminas, minerales y otros suplementos deben ser acompañados de otros cambios positivos en el estilo de vida para que la salud pueda ser restaurada. Lo que nos lleva a comprender que antes de buscar culpables sobre nuestro estado de salud actual deberíamos analizar si el mismo es resultado o consecuencia de nuestras pobres decisiones, malos hábitos, la herencia o factores externos como la exposición a contaminantes en el medio ambiente. ¿Y qué de nuestra responsabilidad como padres al no establecer como prioridad la sana alimentación de nuestros hijos, y dejarnos llevar y complacer el gusto de nuestros niños con alimentos o actividades malsanas cuando ellos no tienen el conocimiento suficiente para entender las posibles consecuencias? No hay ninguna poción o píldora mágica que restaure la tan ansiada salud de manera instantánea. Dios no solo nos creó con el libre albedrío, sino que debido a ello respeta nuestra decisión de tener una relación personal con Él y seguirle o no. Dios desea lo mejor para nosotros y cuidarnos de las trampas que el enemigo pone a nuestro paso para descuidar nuestro estilo de vida y como resultado maltratar a nuestro cuerpo, lo que trae consigo la enfermedad y el dolor. Pero hay esperanza, en Jeremías 33:6 Dios nos dice:

«He aquí que yo les traeré sanidad y medicina; y los curaré, y les revelaré abundancia de paz y de verdad.»

AUTOEVALUACIÓN

1. En estos momentos, ¿cómo consideras que está tu salud física?

_____

_____

2. ¿En qué situaciones o momentos has descuidado el mantenimiento de tu cuerpo, el templo del Espíritu Santo?

_____

_____

3. Al repasar los remedios naturales para mantener la salud mencionados anteriormente, ¿te comprometes a enfocarte al menos en dos o tres cambios que estás dispuesto a hacer para recobrar tu salud física?

_____

_____

4. ¿Qué está impidiendo que vayas a Jesús y le pidas ayuda para cuidar de tu cuerpo y mejorar tu salud?

_____

_____

CAPÍTULO 4
LA DIMENSIÓN MENTAL

LA PODEROSA MENTE HUMANA

El mundo de la medicina se mueve y avanza por los constantes cambios y ajustes cuando la nueva prueba exige tal acción. Es por eso, y como resultado de la investigación, que los profesionales de la salud dicen que la medicina actual está basada en la evidencia clínica. Y es esta misma o la falta de ella la que permite que el cerebro humano se considere como un órgano increíble. Me atrevo a escribir tal aseveración debido a que, de todos los seres creados, el ser humano tiene la capacidad de observar, examinar, expresar, comunicar, cambiar, alterar, escoger entre alternativas, comprobar, experimentar, sentir, interpretar y llegar a una conclusión basada en la totalidad de todas las acciones mencionadas con respecto a su medio ambiente y la interacción con este. El conjunto de todas estas acciones y muchas más es un proceso que ocurre constante y simultáneamente en el cerebro humano. Algo que aún las inteligencias artificiales más avanzadas no pueden realizar a cabalidad o de igual manera. Por más sofisticada que sea la inteligencia artificial, la misma está limitada a los parámetros y algoritmos establecidos por sus creadores, sin contar su incapacidad para sentir y razonar como lo hacemos tú y yo. Es por eso que el sabio Salomón, en Proverbios 4:23, nos advierte: «Sobre toda cosa guardada, guarda tu corazón; Porque de él mana la vida.» Los teólogos, basados en el contexto de todo el capítulo, concuerdan en que el uso de la palabra corazón en este versículo se refiere a la mente. Es allí donde nacen los pensamientos, donde aplicamos la razón y respondemos a los estímulos internos y externos; pero es por medio de la mente que podemos comunicarnos con Dios. Y ésta es la razón principal por la cual en Proverbios se nos advierte de cuidar a nuestra mente sobre todo lo demás. Aunque cuando entró el pecado perdimos la armonía y conexión inicial con Dios, el Espíritu Santo trabaja en nuestra mente y nos capacita por medio de la fe en el sacrificio de Cristo en la cruz del Calvario a reconectarnos nuevamente con Dios, la fuente de vida y poder. He aquí el poder del Evangelio del que habla Pablo en Romanos 1:16 cuando dice:

«Porque no me avergüenzo del evangelio, porque es poder de Dios para salvación a todo aquel que cree.»

Y si Dios utiliza nuestra mente para hacer efectiva la salvación en cada uno de nosotros mediante la fe, es imperativo que estudiemos las cualidades de este impresionante órgano.

El cerebro humano promedio pesa alrededor de 3 libras o 1.4 kilogramos. Está compuesto por cerca de mil millones de células llamadas neuronas, de las cuales hay dos tipos: las neuronas regulares y las que comprenden las células de la glía. Y cada una de estas puede llegar a tener más de 10,000 conexiones con otras neuronas por medio de los axones y dendritas. Este importante órgano es la parte clave del sistema nervioso central. El cerebro, en términos básicos, está compuesto por la corteza cerebral que se divide en dos hemisferios, el derecho y el izquierdo, que están unidos por el cuerpo calloso. Estos a su vez componen los lóbulos cerebrales conocidos como el frontal, parietal, temporal y occipital. Cada uno de estos se encarga de funciones importantes y específicas como el lenguaje, escribir, tocar un instrumento, controlar la posición del cuerpo, la memoria, procesar e interpretar la visión y muchas otras.

El cerebro también contiene una parte llamada el diencéfalo, compuesto por el tálamo, el cual recoge la información de todos los sentidos excepto el olfato y el hipotálamo, que regula el apetito y la temperatura entre otras funciones. También encontramos el cerebro medio, que se encarga de transmitir los impulsos eléctricos del cerebro hasta los músculos. No puede faltar el rombencéfalo, que contiene al cerebelo, el cual es responsable por el balance y los movimientos; aquí también se encuentra el bulbo raquídeo, que tiene como su mayor función encargarse de los sistemas autónomos como la respiración, el ritmo cardíaco y la presión sanguínea. Como puedes apreciar, ni siquiera es sencillo explicar los componentes del asombroso cerebro humano. Un hecho importante es que los neurocientíficos aún no comprenden en su totalidad cómo es que funciona. Reconocen que las explicaciones actuales de su funcionamiento están incompletas y deben seguir siendo actualizadas a medida que se hacen nuevos descubrimientos.

Lo que somos como persona, como ser viviente y lo que envuelve nuestra manera de razonar, sentir, pensar, disfrutar, desear y tomar decisiones envuelve aún muchos misterios. Es por eso que para muchos en el mundo de la ciencia, el cerebro es considerado como el órgano más complejo del universo. ¡Claro está, para nosotros como cristianos en simplemente otra prueba más de lo grandioso que es nuestro Creador!

FUNCIONES PRIMARIAS DEL CEREBRO

Desde que nacemos, el cerebro comienza a recopilar información sobre todo lo que nos rodea. Se desarrolla el sentido del gusto, olfato, vista, tacto y audición. A través de los sentidos aprendemos a responder a los estímulos externos y a interactuar con otros seres humanos. Una manera de responder puede ser por medio de la risa, el abrazo, la sorpresa, el dolor, la indignación, el enojo o la ira. Cada una de estas posibles reacciones debe ser, en cierto sentido, domada o controlada para que logremos tener la reacción apropiada de acuerdo con el estímulo recibido. Si el cerebro no recibe toda esta estimulación en los primeros meses y años de vida, perderá mucha de la increíble habilidad con la cual fue dotado. Es importante que comprendas que el cerebro es el centro de control de nuestro organismo.

Los constantes impulsos eléctricos que son creados en el cerebro y los que llegan desde los diferentes rincones y extremidades de nuestro cuerpo dan forma y vida a lo que somos. Allí nacen nuestros sueños, anhelos, esperanza, si sentimos placer o tenemos miedo, momentos alegres y también los tristes. Es en el cerebro donde manifestamos si aprendemos a amar, a perdonar, donde aceptamos o rechazamos los desafíos, donde nos levantamos con la valentía que nos brinda la fe o donde caemos presa del miedo o la vergüenza. Es también la cuna de nuestros momentos altruistas en los que servimos, protegemos y cuidamos desinteresadamente o donde confundimos el camino y respondemos con ira, desprecio y a veces orgullo. Donde la duda, la envidia y el desaliento nos invaden y empujan a reaccionar de manera que en ocasiones hasta no nos reconocemos a nosotros mismos.

Recuerdo vívidamente cuando trabajaba en sala de emergencia, y llegó un joven menor de 25 años con una sobredosis de drogas, había intentado suicidarse. Rápidamente tuve que establecer un acceso venoso, conectarlo al monitor cardíaco y comenzar con el lavado gástrico. No era una escena bonita. Teníamos poco tiempo para intentar extraer el exceso de droga que había ingerido y al mismo tiempo contrarrestar los efectos que su cuerpo ya había absorbido. Mientras actuaba elevaba una oración a Dios pidiendo intervención por la vida de este joven. Logramos sacarlo de la emergencia. Luego me puse a limpiar los desechos del vómito, ordenar el cubículo donde el paciente fue tratado y calmar y apoyar al joven que por alguna razón creyó que todas sus opciones se habían terminado y la única vía de salida era quitarse la vida. Allí comencé a distraer su mente, a sonreírle y hablarle para calmar su existencia agitada y angustiada. Era un joven atormentado por el desánimo, el dolor y la desesperación. Le tomé la mano, pasé una toalla húmeda por su frente que mostraba signos de diaforesis, el cual es el término médico para denotar sudoración excesiva. Y esperé hasta que mostrara signos de tranquilidad. Al acercarme al escritorio para completar las notas de enfermería le agradecí a Dios por haber contestado mi oración; justo en ese instante, el médico de turno me dijo en tono frío y despreocupado:

—¿Para qué pierdes tanto tiempo con alguien que claramente no aprecia su vida?

Por un instante me quedé sin palabras; una indignación y sentimiento de enojo me sobrecogió. Tuve que respirar profundo, contar hasta diez —como nos enseñaron en la universidad para controlar la ira— y pensar con seriedad lo que debía responder. Al instante recordé las palabras de Jesús a los fariseos cuando le acusaron de pasar tiempo con los publicanos y los pecadores. Al escucharlos, Jesús les dijo: «Los que están sanos no necesitan de médico.» ¡Y allí frente a mi estaba un joven que gritaba una súplica de ayuda desde lo profundo de su corazón! Miré fijamente al doctor y le dije:

—Cada día que vengo a trabajar, le pido a Dios que me ayude a servir y mostrarle a los demás Su carácter. Y cada día, al regresar a mi casa, el mejor regalo que recibo de Dios es una conciencia tranquila y en paz por haber hecho lo mejor que pude para ayudar a otros. Y eso me permite dormir sin ningún cargo de conciencia o sentimiento de culpa. Para mí, eso es libertad en Cristo.

Nunca sabré lo que llevó a este joven al borde del precipicio, pero en mí quedó la inquietud de siempre prestar atención a esa voz interna del Espíritu Santo que nos previene, nos guarda, nos avisa cuando estamos dando pasos en falso o perdemos el rumbo de nuestra vida. Jesús es nuestro modelo, Él desea que nuestra vida sea productiva y de éxito para llevar mucho fruto y servir a nuestro prójimo.

Lucas 2:52 nos dice: «Y el niño crecía en sabiduría y en estatura, y en gracia para con Dios y los hombres.» Este es el proceso de desarrollo que debemos seguir en nuestro crecimiento y el de nuestros hijos. A medida que crecemos, especialmente durante los primeros años de vida, el cerebro aprende a dominar las destrezas motoras como gatear, caminar, correr y todo tipo de movimiento. Aprendemos el arte del lenguaje, modales sociales, a practicar deportes, a tocar un instrumento, conceptos de aritmética, la ciencia, a cantar, a bailar, en fin, todo lo que el medio ambiente y los recursos disponibles puedan facilitar. Los investigadores concuerdan en que cualquier destreza o habilidad estará moldeada por la cultura, la genética, estado socioeconómico y nivel educacional, entre otros. Sin embargo, ninguna de estas variables en sí misma puede asegurar el éxito o fracaso del individuo. Y esto se debe a que la presencia o ausencia de la motivación personal, la resiliencia, la capacidad de concentración, el sentido de aventura, atreverse a correr riesgos, la disciplina y organización, la fuerza de voluntad y la confianza en Dios desempeñan un papel muy importante en la satisfacción personal y el posible éxito o fracaso en la vida.

CURIOSIDADES DEL CEREBRO

Hace pocos años la ciencia pensaba que nacíamos con una cantidad fija de células nerviosas o neuronas y que con el paso del tiempo se iban perdiendo lo que causaba la degeneración de nuestro cerebro. Hoy día la ciencia ha comprobado que, aunque las neuronas generales no se regeneran, las neuronas de la glía sí. No solo se regeneran, sino que nuestro cerebro tiene la capacidad de crear nuevas conexiones entre todas sus neuronas hasta pasados los 80 años. Lo que permite que nuestro cerebro se mantenga fuerte y saludable, y continúe ejerciendo su papel como centro de control en nuestro cuerpo.

Otro fascinante descubrimiento del cerebro es su neuroplasticidad. Esto significa que el cerebro tiene la capacidad de recuperarse, reestructurarse y adaptarse a nuevas situaciones, lo que a su vez promueve el aprendizaje a lo largo de nuestra vida, y fortalece la memoria. Esto por supuesto ayuda a los neurólogos en su intento de mejorar algunos de los trastornos que afectan al cerebro o al menos retrasar las causas o efectos de algunos de los padecimientos. Quizás esto explica mejor la capacidad de resiliencia que tienen algunos seres humanos ante la adversidad. Es cierto que todos pasamos por dificultades; sin embargo, hay quienes son capaces de superarse y continuar viendo la vida a través del lente del optimismo. En este sentido la neuroplasticidad del cerebro permite que éste se comporte como un músculo el cual, si no lo ejercitamos, pierde su plasticidad.

En el año 1996, un grupo de investigadores italiano publicó un estudio explicando el descubrimiento de las neuronas espejo. Estas se encuentran mayormente en el área de la corteza prefrontal y otras en la región parietal. Lo sorprendente de su investigación es que demostraron como las neuronas espejo replicaban el comportamiento observado. O sea, parte de nuestro aprendizaje ocurre mediante la imitación de lo que observamos o percibimos de otras personas a nuestro alrededor.

Es decir, a medida que observamos aprendemos a imitar el comportamiento que vemos. En lo que invertimos más tiempo, con lo que nos relacionamos frecuentemente, lo que practicamos, el tipo de personas a las que identificamos como líderes o mentores dictarán en gran medida nuestra propia conducta y pensamientos. De esta manera llega a ser cierto el famoso refrán que nuestros padres utilizaban: «Dime con quién andas y te diré quién eres.» Por lo que debemos cuidar de nuestras asociaciones, modelos a seguir y a lo que nuestro cerebro está expuesto. Regresando a las neuronas espejo, los científicos creen que están relacionadas con lo que se denomina la empatía. La misma se describe como la habilidad de identificarse y comprender a otro al compartir sus sentimientos y su estado emocional. Aquí radica la importancia del tipo de alimento que le damos a nuestro cerebro mediante los sentidos. Me parece que la Biblia es clara sobre este punto y nos presentó esta preciosa verdad desde mucho antes. En 2 Corintios 3:18 la palabra de Dios nos dice:

«Por tanto, nosotros todos, mirando a cara descubierta como en un espejo la gloria del Señor, somos transformados de gloria en gloria en la misma imagen, como por el Espíritu del Señor.»

¡Gloria a Dios por esta revelación! La Biblia ya nos había dado la receta para desarrollar y proteger a nuestro cerebro, así como para el crecimiento espiritual; pero esto último lo discutiremos en mayor detalle en nuestro próximo capítulo acerca de la dimensión espiritual. Lo relevante con relación al desarrollo mental es que contemplando a Jesús nuestra mente llega a ser transformada día a día. Nos elevamos por medio de la fe por encima del dolor y el sufrimiento de este mundo y contemplamos la belleza del carácter de Cristo para así nosotros llegar a ser semejantes a Él.

ALTERACIONES EN EL FUNCIONAMIENTO DEL CEREBRO

Hoy día con el alto nivel de estrés al que estamos expuestos, mantener una mente saludable es un lujo. Hay demasiados factores físicos, sociales, ambientales y genéticos que podrían causar daño fisiológico a nuestro cerebro. Estos pueden causar alteraciones, cambios radicales o aun el cese por completo en la conducción eléctrica normal del cerebro y, por ende, generar conductas patológicas o destructivas. Estas conductas ajenas al funcionamiento saludable del cerebro en diversos casos pueden causar daño al propio individuo o a las personas y su entorno. En muchos casos se observan deficiencias en el aprendizaje, así como en el desarrollo motor. Puede ser variaciones en el estado de ánimo de la persona, inhabilidad para controlar las emociones como la ira, o llegar a sentimientos profundos de ansiedad y depresión donde se puede perder hasta el interés por la vida. Estos últimos casos requieren ayuda profesional y, sobre todo, una enorme dosis de empatía y comprensión por parte de los familiares y amigos cercanos a la persona que padece estas condiciones. Una de las intervenciones más importantes por parte de la sociedad es dejar de estigmatizar a las enfermedades o condiciones mentales. La salud mental requiere la misma atención que se le brinda a las condiciones o enfermedades físicas como las presentadas en el capítulo anterior. Por esta razón es que hay especialistas en el área de la psiquiatría, psicología y diferentes tipos de consejería.

Las condiciones que envuelven un trastorno en la médula espinal, los nervios o en caso de la epilepsia, necesitan la ayuda de un neurólogo. Cuando ocurre algún tipo de trauma físico, se necesita la intervención de un neurocirujano especializado en el área. También hay otras condiciones degenerativas como lo son el Alzheimer, el Parkinson y la demencia; y otras causadas por trauma emocional o psicológico. Aquí encontramos alteraciones producto de la ansiedad, el alcoholismo, el aislamiento, la soledad, el abandono, la violencia, el abuso o el acoso. Es simplemente una dimensión diferente del ser humano a la que se le debe prestar atención por ser igual de importante para la salud holística.

Según la Organización Mundial de la Salud (OMS), para el 2019 se reportaron los siguientes datos con respecto a las enfermedades mentales más comunes a nivel mundial:

Condición	% Población mundial	% Niños y adolescentes	Síntomas generales
Trastornos de la ansiedad	301 millones	58 millones	Miedo, preocupación excesiva, trastornos del comportamiento conexos. Hay varios niveles.
Depresión	280 millones	23 millones	Tristeza profunda, irritabilidad, sensación de vacío, pérdida del interés. Casi todo el día y al menos por dos semanas.

Condición	% Población mundial	% Niños y adolescentes	Síntomas generales
Trastorno bipolar	40 millones	No reportado	Episodios depresivos alterados con periodos de síntomas maníacos.
Trastorno de estrés postraumático	No reportado. Alta incidencia en regiones afectadas por conflictos bélicos.	No reportado	1. Revivir el evento. 2. Evitar recordar el evento. 3. Percepciones persistente de una mayor amenaza.
Esquizofrenia	24 millones	No reportado	Importante deficiencia en la percepción. Cambios en el comportamiento, ideas delirantes, alucinaciones.
Trastornos del comportamiento alimentario	14 millones	Casi 3 millones	Anorexia nerviosa, bulimia nerviosa.
Trastornos del comportamiento disruptivo y disocial	40 millones	Incluidos en la estadística	Problemas de comportamiento persistentes.

Condición	% Población mundial	% Niños y adolescentes	Síntomas generales
Trastornos del neurodesarrollo; incluyen del desarrollo intelectual, espectro autista (TEA) y déficit de atención con hiperactividad (TDAH)	Cifras no reportadas	No reportado	Dificultades considerables en la adquisición y ejecución de funciones intelectuales, motoras o sociales específicas.

FACTORES QUE INTERFIEREN
CON LA ACTIVIDAD MENTAL

Hay muchos factores que afectan la manera en que nuestro cerebro hace su trabajo. Pero no hay nada más dañino para la salud mental que el exceso de estrés. Ese momento en el que el cerebro no procesa la información recibida ni tampoco puede dar la respuesta adecuada en ausencia de trauma físico. Si lo llevamos a la vida social actual, un ejemplo de esto podría ser los enormes desafíos que enfrentan muchos de los inmigrantes que llegan a los Estados Unidos cuando se ven obligados a abandonar su país de origen por diferentes circunstancias. Si la decisión de partir no fue tomada luego de analizar exhaustivamente los factores a favor y en contra, y en presencia de suficientes recursos, habría un alto porcentaje de un estrés excesivo con consecuencias traumáticas. Es de esperar que se materialicen desafíos tales como: la pérdida del círculo de apoyo y recursos, potencial de abuso en todas sus formas, interrupción en la comunicación debido a un idioma diferente, choque cultural, sentido de impotencia e inadecuación, entre otros. En situaciones como esta llega a ser de gran valor la capacidad que tenga la mente para enfrentar las dificultades, el desánimo, la tristeza, el dolor y la desilusión para transformarlo en oportunidades de crecimiento emocional, atesorar la esperanza, remontar y comenzar de nuevo, así como la fortaleza mental de una buena autoestima.

Como latina que ha vivido en los Estados Unidos por muchos años, aún recuerdo vívidamente varios incidentes en mi vida privada y laboral donde tuve que enfrentar el racismo, el sentimiento de inadecuación como resultado de malentendidos y el choque cultural. Mantener mi confianza en Dios, trabajar fuertemente en mi desarrollo personal y comprender y aceptar mi nuevo entorno fue de gran ayuda para superar todos esos desafíos.

Hay un gran personaje bíblico que representa muy bien los estragos que puede causar un periodo de estrés prolongado. Me refiero al profeta Elías. Los capítulos 18 y 19 de 1 Reyes nos muestran la lucha que enfrentó Elías contra el malvado rey Acab y su despiadada esposa Jezabel. Puedes encontrar los detalles a medida que avanzas en los capítulos. Elías, por intervención divina, había profetizado para que no lloviera en Israel y ya habían pasado tres años de sequía; durante ese tiempo, el rey había perseguido al profeta que Dios había escondido y protegido. El rey Acab, dejándose llevar por la influencia idólatra de Jezabel, había permitido la adoración a Baal, y apartado así al pueblo de Dios. En una demostración de poder extraordinaria en el monte Carmelo, Elías retó a los 450 profetas de Baal para demostrar quién era el verdadero Dios y le exigió al pueblo que escogiera a quién iba a servir: a Dios o Baal. Ocurrió una impresionante demostración del poder divino cuando Dios envió un fuego que consumió el holocausto ofrecido por Elías. Y la supremacía de Dios fue vindicada. Luego, Elías ordenó la muerte de los 450 falsos profetas de Baal y oró para que Dios enviara lluvia y terminara la sequía. Oración que Dios contestó. Cuando Jezabel se enteró de lo sucedido, juró que lo mismo le ocurriría a Elías; y este, al oír que ella le quería matar, huyó. Es aquí a donde quería llegar; en 1 Reyes 19:4 nos dice:

«Y él se fue por el desierto un día de camino, y vino y se sentó debajo de un enebro; y deseando morirse, dijo: Basta ya, oh Jehová, quítame la vida, pues no soy yo mejor que mis padres.»

Como puedes notar, el profeta —luego de mucha tensión, de enormes responsabilidades y amenaza de muerte— cayó presa de la depresión. El estrés, el cansancio, la burla y el desprecio lo dominaron hasta desear la muerte. Tal es la descripción de Elías que nos presenta la Palabra de Dios en la primera parte del capítulo 5, versículo 17, de Santiago. El apóstol simplemente nos dice que el gran profeta Elías era un hombre sujeto a pasiones, así como cada uno de nosotros.

Entonces, ¿qué cosas empujan nuestra mente a ese estado de tanta tensión? Aquí te presento algunas:

- El estrés.
- Falta de descanso.
- Nutrición inadecuada.
- Exceso de estimulación.
- Exceso de trabajo.
- Factores ambientales: radiación, metales pesados, contaminación y pesticidas.
- Consumo de alcohol, fumar, uso de drogas y otros medicamentos.

Me gustaría destacar el exceso de estimulación, debido a que esto ha llegado a ser una de las epidemias del siglo XXI. La tecnología ha invadido nuestra vida diaria de manera increíble. Las computadoras, los teléfonos, televisores y aparatos inteligentes han revolucionado nuestro estilo de vida; pero al mismo tiempo han creado caos en muchas personas y afectado aún más a nuestros niños y jóvenes. Estudios recientes y reconocidos psiquiatras como la Dra. Marian Rojas Estapé, han identificado al uso de la tecnología desmedida por mentes en desarrollo al mismo nivel que los efectos producidos por la dopamina, la cual es un neurotransmisor envuelto en procesos que tienen que ver con la atención, ánimo, la conducta, el aprendizaje, la motivación y sensación de placer y recompensa. Por ejemplo, el uso de la tecnología como los videojuegos o teléfonos inteligentes logra que el usuario sienta placer en la experiencia, exigiendo cada vez más tiempo dedicado a la actividad para lograr la recompensa esperada. Es así como se produce una codependencia, tal como ocurre con el uso de drogas ilícitas como la cocaína. El cerebro exige más y más de la droga para sentir el mismo placer. Quizá hayas visto algunos videos en YouTube o TikTok de adolescentes o jóvenes a quienes se les retira el teléfono inteligente o el videojuego e instantáneamente pierden el control total de su conducta y muestran actitudes agresivas, utilizando lenguaje ofensivo, y aun llegan a la violencia. Lo que es todavía más sorprendente, según varias revistas populares o medios noticiosos, es que personas destacadas envueltas en la fabricación o el desarrollo de estas tecnologías, mantienen un estricto horario de su uso para con sus propios hijos o no le permiten acceso durante la infancia. Esto se debe a que muchos estudios corroboran que estas tecnologías afectan la actividad cerebral que se encuentra en pleno desarrollo durante los primeros años de vida.

Al entender todo esto es imprescindible hacer un giro de 180 grados en nuestro estilo de vida si deseamos fortalecer nuestra mente, no solo en la manera que interactuamos con el medio ambiente, la tecnología disponible, las relaciones sociales y los procesos de aprendizaje.

Como sociedad debemos hacer un mejor trabajo para proteger a nuestros niños de factores externos tan dañinos. Niños con una mente saludable tendrán mejores oportunidades de llegar a ser los grandes pensadores, inventores, abogados, doctores, artistas, legisladores, maestros, emprendedores, etc. del futuro. Siendo de esta manera, ¿qué podemos hacer para proteger a nuestra mente y mantener a nuestro cerebro saludable?.

Aquí te dejo algunas sugerencias:

1. Crear un patrón de descanso establecido. Es decir, retirarte a descansar antes de las 10 pm y despertar temprano a una hora fija. Los adultos debemos dormir por lo menos siete horas, los adolescentes deben dormir entre ocho a diez horas y los niños en edad escolar entre nueve a doce horas. También es necesario asegurarnos de tener un ambiente oscuro, apagar o reducir todas las luces en lo posible. Sobre todo, apagar todos los equipos electrónicos.

2. Una dieta balanceada, basada mayormente en plantas y alimentos no procesados. Evitar los embutidos, los alimentos enlatados, los dulces, las gaseosas y los colorantes artificiales.

3. La práctica de caminar descalzos sobre la grama se llama «conectarse con la tierra», earthing o grounding, como se dice en inglés. El objetivo es disminuir la inflamación, el dolor muscular, prevenir enfermedades cardiacas, reducir la ansiedad y mejorar el estado de ánimo.

4. Evitar en lo posible la contaminación ambiental como los desinfectantes y limpiadores químicos, los pesticidas, los químicos dañinos en los cosméticos, la radiación, entre otros.

5. Escuchar música para la relajación. Hay muchos lugares en Internet o por medio de tu teléfono inteligente donde puedes encontrar este tipo de música. Evitar el ruido constante y sonidos estridentes.

6. Practicar ejercicio físico donde los músculos y el corazón se activen. Incorporar en nuestra rutina los ejercicios de yoga, pilates y técnicas de respiración profunda.

7. **Una nueva técnica es la terapia de luz o frecuencia roja.** Aparte de otros beneficios, nuevos estudios indican que puede mejorar el estado de ánimo y reducir el estrés. Los equipos utilizados deben emitir ondas longitudinales específicas, así como infrarroja cercana. Es muy importante consultar a un profesional antes de utilizarla.

8. **Completar ejercicios mentales** que requieran concentración y enfoque.

9. **Meditación.** No hay nada más saludable para nuestra mente que meditar en Jesús y en su sacrificio expiatorio por cada uno de nosotros. Al dedicar tiempo cada día a contemplar el hermoso carácter de Jesús seremos transformados a su imagen, tal como lo menciona la Palabra de Dios.

10. **Tomar suplementos que incluyan magnesio, zinc, vitamina C y B12 (así como todo el complejo B).** Ingerir una dieta saludable, balanceada y variada aumenta las posibilidades de obtener estas importantes vitaminas y minerales tan necesarios para el buen funcionamiento de nuestro cerebro. Siempre se debe consultar con un médico antes de consumir suplementos, especialmente si has sido diagnosticado con una enfermedad crónica. Los naturópatas y los profesionales de la medicina funcional son una gran ayuda si tienes la disposición de realizar cambios en tu estilo de vida y no deseas depender de fármacos. La medicina natural y el concepto de Hipócrates: «Que tu medicina sea tu alimento, y el alimento tu medicina» han resurgido en la medicina moderna como la mejor alternativa.

11. **Por último, no hay nada más poderoso que la confianza en Dios.**

ESCOGIENDO LA MEJOR PARTE

Pero ¿qué determina el camino que escogemos en la vida?, ¿qué dicta los motivos internos de nuestras acciones? Mientras que los científicos intentan dar respuesta a estas y muchas otras interrogantes, Dios nos brinda no solo la respuesta sino también la fuente de donde emana nuestra fortaleza y valor como seres humanos. Hay dos versículos que vienen a mi mente. El primero se encuentra en Filipenses 4:13 donde se nos dice: «Todo lo puedo en Cristo que me fortalece.» Y el segundo se encuentra en Juan 15:5: «Yo soy la vid, vosotros los pámpanos; el que permanece en mí, y yo en él, este lleva mucho fruto; porque separados de mi nada podéis hacer.»

Muchas veces me pregunto por qué permitimos que el enemigo nos desanime y tome ventaja sobre nosotros, rodeándonos de enfermedad, angustia y tristeza, cuando ya Jesús nos ha dado la solución a todos nuestros problemas. La respuesta está en transitar por nuestra vida con Jesús a nuestro lado ya que es Él quien peleará nuestras batallas, conquistará nuevas alturas y nos traerá gozo y paz a nuestro corazón. En Mateo 11:28-30, Jesús —entendiendo la carga pesada e injusta de este mundo de pecado y mostrando empatía por nuestra situación— nos dice:

«Venid a mí todos los que estáis trabajados y cargados, y yo os haré descansar. Llevad mi yugo sobre vosotros, y aprended de mí, que soy manso y humilde de corazón; y hallaréis descanso para vuestras almas; porque mi yugo es fácil, y ligera mi carga.»

¿Quieres encontrar descanso para tu vida cansada, llena de estrés, de sentimientos de culpa, posiblemente presa de la violencia o acechada por el desánimo y la desesperación?

Cristo es la respuesta. Él está dispuesto a entrar en tu vida, limpiar la habitación de tu alma cansada y devolverte la esperanza, la energía y fortaleza para triunfar que tanto necesitas. Jesús desea devolverte la armonía mental que tanto anhelas. Él elevará tu mente a nuevas alturas, ordenará tus pensamientos y hará crecer en ti nuevas conexiones neuronales que te impulsen al optimismo, al gozo y la paz mental que necesitas para disfrutar tu vida a plenitud y fortalecer tus relaciones personales. Dale la oportunidad a Jesús, te prometo que tu vida cambiará para bien.

Cuando Marta se quejó ante Jesús porque su hermana María no le ayudaba en los quehaceres de la casa, la respuesta de Jesús encierra una enseñanza para nosotros hoy día. Él simplemente la miró y le dijo:

—Marta, Marta, afanada y turbada estas con muchas cosas. Pero solo una cosa es necesaria; y María ha escogido la buena parte, la cual no le será quitada. (Lucas 10:41-42)

Lo que Marta estaba realizando no estaba mal. ¡Claro que hay que atender a los quehaceres y responsabilidades de esta vida! Pero en ninguna circunstancia debemos permitir que estos ocupen el primer lugar en nuestra mente. Cristo debe ser siempre nuestro eje, nuestro centro, nuestra motivación; lo demás pasa a ser secundario.

He aquí la solución para tu mente cansada por el pesar de esta vida: contemplar y aprender a los pies de Jesús, tal como María de quien Jesús dijo que había escogido la mejor parte.

AUTOEVALUACIÓN:

1. Haz un estudio interno de tu persona. ¿Cuán diferente eres de lo que eras hace dos años? ¿El cambio ha sido para bien o para mal?

_____

_____

_____

2. ¿Puedes identificar uno o dos detonadores de estrés actualmente en tu vida?

_____

_____

_____

3. Mirándote al espejo, ¿puedes mencionar tres cualidades positivas de tu carácter?

_____

_____

_____

4. ¿Puedes identificar algunas personas que te han motivado en la vida? ¿Personas a las que quisieras imitar?

_____

_____

_____

5. ¿Cómo estás alimentando a tus neuronas espejo? Piensa en los lugares que frecuentas, las personas con las que te relacionas, lo que lees o escuchas.

_____

_____

_____

6. Si tuvieras una cita con Jesús, ¿qué áreas de tu vida le permitirías que cambiara?

_____

_____

_____

CAPÍTULO 5

LA DIMENSIÓN ESPIRITUAL

CREADOS POR UN DIOS DE AMOR

Finalmente hemos llegado a escudriñar la dimensión más compleja e importante para el ser humano. Ya sea que lo aceptemos o no, somos seres espirituales. Fuimos creados por un ser infinito que se mueve y actúa en esferas y probablemente dimensiones que ni siquiera conocemos o somos capaces de percibir. El concepto, conocimiento y aceptación de que somos producto de un majestuoso ser que destila, comparte, promueve, despliega y manifiesta amor en todo lo que hace o dice es el fundamento del evangelio eterno. Desde antes de la fundación del mundo por este ser al que llamamos Dios, desde antes del origen de lo que conocemos como el universo y por las edades sin fin, Dios era, es y será la esencia que dirige, mantiene, sostiene y da vida a toda su creación. En Él subsisten, se desarrollan y cobran sentido las diferentes formas de vida en nuestro mundo, en la esfera angelical y en los mundos celestiales que aún no conocemos, pero para los cuales según el apóstol Pablo en 1 Corintios 4:9 somos un espectáculo, un libro abierto. Ahora bien, ¿qué representa esta comprensión de nuestros orígenes o cómo se manifiesta esta dimensión espiritual en nuestras vidas? ¿Cuál es la importancia o qué beneficio obtenemos al comprender nuestro lado espiritual? Esto es precisamente lo que analizaremos a la luz de la Palabra de Dios en este capítulo. ¿Cuál es la esencia de mi existencia en este mundo? ¿Cuál es mi propósito en esta vida? ¿Será real el hecho de que hay un Dios infinito que se interesa por mí? ¿Hacia dónde nos dirigimos? ¿Por qué reina la enfermedad y sufrimiento en este mundo? ¿Por qué tenemos que morir? ¿Qué hay más allá de la muerte? Ante tantas interrogantes, la única vía segura es buscar las respuestas en la Palabra de Dios.

Si hay algo en lo que Dios se complace es en que sus hijos vayan a Él en busca de dirección y consejo cuando tienen preguntas. Él nos dice en Jeremías 33:3: «Clama a mí, y yo te responderé, y te enseñaré cosas grandes y ocultas que tú no conoces.» La Palabra de Dios es nuestro mapa espiritual.

Esa guía segura que constantemente ilumina el camino y nos muestra cuál es la senda correcta en medio de tantos caminos tortuosos y peligrosos que enfrentamos en la vida. Y en otro versículo aún más conocido en Proverbios 4:10, el sabio Salomón nos dice: «El temor de Jehová es el principio de la sabiduría, y el conocimiento del Santísimo es la inteligencia.» Por lo tanto, permitamos que la Palabra de Dios nos guíe en el conocimiento y comprensión de nuestra dimensión espiritual.

EN EL PRINCIPIO

Hay dos corrientes fuertes sobre el origen del ser humano y del mundo en el que vivimos. De hecho, hasta han surgido ciertas líneas de pensamiento intentando mezclar o unir ambas corrientes, pero sin éxito. La primera de estas teorías se denomina Creacionismo, el cual se basa en el relato bíblico de una hermosa creación en el marco de una semana por el poder divino, así como un cataclismo denominado diluvio universal que trastornó totalmente la creación inicial dando paso a un nuevo pero limitado comienzo.

La otra es la teoría del Big Bang o Gran Explosión, que por supuesto incluye la evolución con su explicación sobre el origen de las especies durante millones y millones de años para su desarrollo y eventos como la destrucción de los dinosaurios por un meteorito o cometa. Para ninguna de ellas hay lo que la mente científica denomina «prueba basada en la evidencia». Es decir, no se pueden reproducir los eventos que demuestran nuestra realidad actual. Se hacen muchas inferencias, especialmente en la de la Gran Explosión; y en muchos círculos estas inferencias han sido presentadas como hechos, pero la verdad es que no es factible.

Ninguno de nosotros estaba allí hace millones de años para presenciar los hechos ni mucho menos saber las condiciones específicas cuando ocurrían los eventos. Por consiguiente, se requiere de fe para aceptar la una o la otra. Es tan sencillo como creer lo que dice Dios en Su Palabra o aceptar la propuesta del enemigo que nos dice que simplemente fuimos producto de la casualidad. O nos colocamos de parte de Dios o de parte de Satanás. Y era aquí precisamente a donde quería llegar. Porque es la Biblia la que define lo que es fe. En Hebreos 11:1 nos dice: «Es pues la fe la sustancia de las cosas que se esperan, la demostración de las cosas que no se ven.» Si la clave estriba en tener fe, ¿por qué no depositar esa fe en el ser que desea demostrarte de una y mil maneras cuánto te ama?

La creación del ser humano fue una acción de amor por parte de un Dios que se complace en la amistad, la compañía y las relaciones personales. Ese Dios infinito creó seres perfectos y los colocó en un mundo perfecto. Lamentablemente, como ya he mencionado, apareció el enemigo de Dios y distorsionó las cosas al introducir el pecado y causar la desgracia humana. Lo primero que él provocó en el mundo recién creado por Dios fue el miedo. A partir de ahí, incontables generaciones han caído presa de esa poderosa trampa que nos incapacita, nos paraliza y no nos permite contemplar y conocer la belleza del carácter divino y Su infinito amor por nosotros. El miedo es ajeno a la naturaleza divina y enemigo de la felicidad y armonía inicial.

Satanás utiliza el miedo para destruirnos e incapacitar nuestro potencial. Sin embargo, Dios, conociendo esto y siendo la misma esencia del amor, hace esfuerzos incansables para acercarse a nuestras vidas y librarnos de ese terrible y repugnante miedo. Es por eso que la Biblia nos dice en 1 Juan 4:18 que «en el amor no hay temor, sino que el perfecto amor echa fuera el temor porque el temor lleva en si castigo. De donde el que teme, no ha sido perfeccionado en el amor.» La receta es sencilla, cuando estamos en Cristo, cuando caminamos junto a Él y seguimos sus estatutos nos vamos perfeccionando en el amor y por consiguiente Dios va eliminando todo vestigio de temor. Comenzamos a disfrutar de una vida plena, una existencia verdaderamente libre de inquietudes, desconfianza, prejuicios, inseguridades, vergüenza y orgullo. Se renueva en nuestro ser el espíritu de servicio para el cual fuimos creados. La vida ahora nos parece agradable, satisfactoria, sencilla pero llena de matices; sobre todo se desarrolla en nosotros un vínculo dorado que encaja de manera perfecta en nuestras tres dimensiones internas. Es así como, internamente conviven en armonía nuestras dimensiones física, mental y espiritual. Nuestra mente es elevada para entender complejos conceptos que promueven la motivación, la empatía, la excelencia y que persiguen la moralidad, aumentan la autoestima, la abnegación y el sacrificio personal. La integridad toma el control y da paso a la mansedumbre y a un espíritu desprendido. Es aquí donde comprendemos por qué la ley de amor, la ley de los diez mandamientos, se resume en dos, tal como nos dice Mateo 22:37-40:

«Jesús le dijo: Amarás al Señor tu Dios con todo tu corazón, y con toda tu alma, y con toda tu mente. Este es el primero y grande mandamiento. Y el segundo es semejante: Amarás a tu prójimo como a ti mismo. De estos dos mandamientos depende toda la ley y los profetas.»

Conectarnos con Dios por medio de nuestra dimensión espiritual nos lleva a que nuestra dimensión mental contemple, mediante nuestras neuronas espejo, la belleza del carácter divino, lo que nos coloca de vuelta en armonía con Dios, con nuestro ser interior y con nuestro prójimo, así como con nuestro entorno.

Me imagino que te estarás preguntando: ¿y qué hay de la dimensión física? Me complace comentarte que esta no es dejada a un lado, por el contrario, la Biblia también es clara en cuanto a esto. ¿Recuerdas el versículo que se encuentra en 1 Corintios 10:31 citado en el capítulo sobre la dimensión física? Allí nos dice: «Si, pues, coméis o bebéis, o hacéis otra cosa, hacedlo todo para la gloria de Dios.» Lo importante es que este versículo es reforzado por otros pasajes que amplían su contexto. En Filipenses 4:13 nos dice: «Todo lo puedo en

Cristo que me fortalece» y en Juan 15:5 encontramos lo que Jesús les dijo directamente a sus discípulos y que se extiende hasta nosotros: «Yo soy la vid, vosotros los pámpanos; el que permanece en mí, y yo en él, este lleva mucho fruto; porque separados de mí nada podéis hacer.» Siguiendo el contexto de estos versículos comprendemos cómo Dios se acerca al ser humano mediante su dimensión espiritual y ennoblece la mente para que la misma sea elevada, refinada y cultivada. Esto a su vez actúa de manera racional en nuestro cuerpo, lo que nos impulsa a cuidar del mismo y prestar atención a todos aquellos hábitos y recursos naturales que permiten mantener nuestro organismo en condición óptima. Ocurre, lo que yo llamo, la sincronización de nuestras dimensiones con la fuente de energía y poder; lo cual da como resultado una experiencia de vida marcada por la excelencia, salud y vitalidad mental capaz de superar cualquier obstáculo, tristeza o dolor con esperanza, entereza, entusiasmo y positivismo. Saber y reconocer por medio de nuestra dimensión espiritual que procedemos de un origen noble y superior saca a relucir esa brújula interna que permite que nuestro corazón lata al ritmo divino y nuestra mente se eleve en pensamientos puros y altruistas con la sola intención de vivir para dar gloria a Dios.

VIVIENDO ESPIRITUALMENTE

Como resultado de aceptar el ofrecimiento de amor de Jesús pasamos a ser nuevas criaturas y llegamos a ser verdaderos representantes e hijos del Rey del Universo. El apóstol Pablo es claro en cuanto a esto en 2 Corintios 5:17: «De modo que si alguno está en Cristo, nueva criatura es, las cosas viejas pasaron; he aquí todas son hechas nuevas.» ¡Qué hermosa promesa! He aquí la razón del porqué nuestra dimensión espiritual debe tomar un papel protagónico con respecto a las otras dos. Una vez encontramos nuestro centro en Cristo Jesús las demás cosas vendrán por añadidura (Mateo 6:33). Nuestra mente se ocupará en todo lo justo, todo lo verdadero, todo lo honesto, todo lo puro, todo lo amable, todo lo que es de buen nombre y digno de alabanza (Filipenses 4:8). Por consiguiente, desarrollaremos mentes fuertes, sanas y creativas, libres de angustia, rencor, culpabilidad, temor o tristeza. Por otro lado, nuestra parte física se desarrollará en fortaleza y lozanía. Nuestros músculos, huesos, circulación, piel, corazón, pulmones, hígado, cerebro y todos los demás órganos y funciones biológicas actuarán en sincronización a lo que vislumbra nuestra mente y construye nuestro espíritu. Al cuidar de nuestro cuerpo como templo del Espíritu Santo, se comienzan a superar las dolencias, debilidades, malestares y demás condiciones propias de un estado de salud enfermizo. Ya no realizaremos actividades o adoptaremos hábitos que atenten contra nuestra salud física.

Comprendemos la importancia de la buena higiene, del descanso apropiado, luz solar, el aire y agua pura, un ambiente libre de estrés, una dieta sana y balanceada, y, por supuesto, la confianza en Dios. Todo nuestro ser vibrará bajo la dirección del divino Creador que nos creó en perfección y sabe mejor que nadie lo que necesitamos para mantener nuestros cuerpos saludables. Ese mismo Dios es quien desea devolvernos la armonía perdida por culpa del pecado. Solo Él puede hacerlo. Es imposible lograrlo por nuestras propias fuerzas; y como Dios comprende nuestra situación, nos dice en Mateo 11:28 y 30: «Venid a mí todos los que estáis trabajados y cargados, y yo os haré descansar. […] porque mi yugo es fácil, y ligera mi carga.» Y en Juan 14:27 nos dice: «La paz os dejo, mi paz os doy; yo no os la doy como el mundo la da. No se turbe vuestro corazón, ni tenga miedo». Es impresionante y al mismo tiempo reconfortante el saber que en medio de este mundo alocado por la prisa, la lucha por el poder, los vicios, la inmoralidad, el amor al dinero, las enfermedades rampantes, la criminalidad y así como los estragos y el dolor de la muerte, Dios nos ofrece descanso y paz.

LA PAZ Y EL DESCANSO DIVINO TRAEN LIBERTAD

Como te mencioné anteriormente, me gusta la manera en que la psiquiatra de origen español, Marian Rojas Estapé, aborda sus enseñanzas clínicas destinadas a impulsar a sus pacientes y lectores a encontrar alternativas que traen felicidad, motivación y deseos de vivir a nuestra existencia. Ella habla mucho sobre establecer metas, buscar nuevos desafíos, relacionarnos con las personas que ella llama vitaminas, aquellas que te transmiten sensaciones positivas y te elevan. Ella promueve el trabajar el ser interior para encontrar ese balance, ese centro que trae paz y satisfacción a la vida; hace mucho énfasis en que un poco más del 90 % de las cosas que nos preocupan nunca se materializan.

¿Entiendes las enormes implicaciones contenidas en esa estadística? Lo que me trae de vuelta al postulado anterior: El miedo nos paraliza. La preocupación, la duda, el desánimo, la tristeza, la inseguridad, la ansiedad y aun la depresión son matices diferentes de un mismo precursor: el miedo. Pero el verdadero amor hecha fuera el temor. El antídoto para el miedo es el amor puro y enriquecedor de nuestro Padre Celestial. ¿Y cómo el amor vence las barreras del miedo? Contrarrestando los efectos negativos del miedo al sustituirlos por la paz y descanso interior que traen consigo la vitalidad física, bálsamo para nuestros nervios alterados y energía vivificadora a nuestro cansado espíritu. Lo que requiere *andar en el espíritu.*

Este consejo lo encontramos en Gálatas 5:16 y 17:

«Digo, pues: Andad en el Espíritu, y no satisfagáis los deseos de la carne. Porque el deseo de la carne es contra el Espíritu, y el del Espíritu es contra la carne; y estos se oponen entre sí, para que no hagáis lo que quisiereis.»

El apóstol Pablo provee estos detalles para explicar cómo ser verdaderamente libres en Jesús. Ya establecimos la manera en que llegamos a ser libres, ahora revisaremos cómo experimentar la paz y el descanso que Dios nos ofrece, que son los que traen consigo esa libertad.

Es significativo que la primera vez que aparece la palabra descanso o reposo en la Biblia es en el libro de Génesis; e inmediatamente al concluir la obra de la creación, Génesis 2:1-3 nos dice:

«Fueron, pues, acabados los cielos y la tierra, y todo el ejército de ellos. Y acabó Dios en el día séptimo la obra que hizo; y reposó el día séptimo de toda la obra que hizo. Y bendijo Dios al día séptimo, y lo santificó, porque en él reposó de toda la obra que había hecho en la creación.»

Dios no necesitaba descansar. El pecado todavía no había mancillado la obra de la creación; sin embargo, Dios estableció la importancia y necesidad de hacer un alto cada siete días para meditar, contemplar y descansar de las labores comunes de los días anteriores.

Hemos venido estudiando que nuestro ser incluye tres dimensiones, y observamos que, en la dimensión espiritual, invitar a nuestra vida el descanso semanal proporcionará los nutrientes y elementos necesarios para alimentar y sustentar nuestras dimensiones física y mental. Y así lograremos la restauración de la tan ansiada armonía interna lo que nos permitirá florecer y brillar en cualquier faceta. Si recuerdas la referencia acerca de las Zonas Azules, los lugares del planeta donde las personas viven vidas más plenas y saludables, el descanso apropiado combinado con la percepción espiritual de una conexión divina, eran puntos centrales en su experiencia diaria. La importancia del descanso en Dios aparte del descanso físico va más allá de lo que pensamos. El salmista nos dice en Salmos 4:8: «En paz me acostaré, y asimismo dormiré; porque solo tú Jehová, me haces vivir confiado.» Y Pablo en Hebreos 4:9 y 10 nos exhorta diciendo:

«Por tanto, queda un reposo para el pueblo de Dios. Porque el que ha entrado en su reposo, también ha reposado de sus obras, como Dios de las suyas.»

Descansar en el Señor traerá paz a nuestra mente y corazón.

CÓMO ENFRENTAR EL DOLOR, LA ENFERMEDAD Y LA MUERTE

No puedo concluir el capítulo sin hacer referencia a la realidad que vivimos en un mundo de pecado que trae consigo miseria, desaliento, estrés, enfermedad, sufrimiento y muerte. Y para ello es necesario comprender que ésta es producto del manejo y planificación del enemigo de Dios: Satanás. Es este ser maligno quien desea tu destrucción, desea manipularte a su antojo y utiliza todas sus energías para separar al ser humano de la fuente de vida y poder. Peor aún, Satanás obra de tal manera que aunque él es el causante de toda la maldad y tragedia existente en el mundo, convence a las masas de que es Dios el autor de todos estos males. Es por eso que observamos a muchos seres humanos distanciarse de Dios, por el simple hecho de creer que Él es responsable de la miseria y el dolor humano. Este sentimiento se agudiza cuando tenemos que enfrentar la muerte de algún ser querido o recibimos un diagnóstico médico que nos deja sin ninguna esperanza. Precisamente en estos momentos tan difíciles es que el enemigo de Dios nos asalta con el desánimo, el temor, el desaliento y la angustia extrema. Nuestra mente divaga y comenzamos a reprocharle a Dios por qué no actúa, por qué no interviene si es que es tan poderoso como dicen.

Hay varios aspectos que debemos destacar al tomar esta postura:

1. En primer lugar, ¿estamos conectados con Dios mediante nuestra dimensión espiritual? Si no lo estamos, ¿por qué nos sentimos con el derecho de exigirle a Dios que actúe en nuestro favor si no deseamos nada con Él?

2. ¿Has considerado el hecho que simplemente estamos cosechando lo que sembramos? En otras palabras, ¿es nuestra condición actual producto de haber violado las leyes de amor que Dios nos confió para nuestro bienestar y cuidado?

3. ¿Has puesto a una persona o situación en el primer lugar en tu vida, lugar que solo debe pertenecer a Dios? ¿Cuáles son tus prioridades en la vida?

Suponiendo que ante las preguntas anteriores las respuestas sean en tu favor, todavía hay algo sumamente importante que debes considerar, y es la supremacía y amor de Dios. Por encima de la banalidad y trivialidad de este mundo, Dios sigue siendo Dios. Su carácter de amor y poder infinito no cambian debido a la duplicidad y vulnerabilidad del ser humano ni por los estragos del pecado que reinan en él. Por consiguiente, la fe es el factor determinante para cimentar un carácter que se entrega plenamente en Dios. Así es como identificamos la obra del poder regenerador de Dios en el ser humano.

Una joven madre murió de cáncer y dejó a sus tres hermosas hijas, confiada de que cuando vuelva a abrir sus ojos, será para abrazarlas nuevamente en el glorioso día de la resurrección. Los padres de la joven que fue violada, mutilada y asesinada perdonaron a la miseria de humano que cometió el terrible acto, porque comprendieron que solo el perdón puede traer sanidad espiritual y mental, y libera de la trampa del odio que corroe. ¿Qué tal la resiliencia de la familia que se levanta con mayor motivación y energía de un desastre natural que destrozó y se llevó todo lo que les había costado una vida construir? Como estos hay muchos otros ejemplos de seres humanos que triunfan ante la adversidad porque se aferran de la mano de Dios y deciden confiar en Él, a pesar de las circunstancias que los rodean. Tal como Job en Job 19:25-27, llegan a decir:

«Yo sé que mi Redentor vive, y al fin se levantará sobre el polvo; y después de deshecha esta mi piel, en mi carne he de ver a Dios; al cual veré por mí mismo, y mis ojos lo verán, y no otro, aunque mi corazón desfallece dentro de mí.»

No es Dios quien nos hace pasar por calamidades y sufrimientos, ¡pero sí es el único que nos puede rescatar ilesos y victoriosos de la adversidad y las garras del enemigo!

CONFÍA EN DIOS

Cuando trabajaba como enfermera me tocó acompañar a personas en sus últimos momentos antes de la muerte. Fui testigo de cómo muchos seres humanos reniegan de Dios o declaran ser ateos... hasta que tienen que enfrentar la muerte. Algunos estaban conectados a máquinas, otros con esfuerzo daban sus últimos suspiros y aun otros intentaban resolver conflictos familiares que no pudieron o fueron capaces mientras gozaban de salud. La mayoría de ellos estaban o se sentían totalmente solos. La soledad está minando a nuestra sociedad. Vivimos en un mundo plagado de tecnología moderna supuestamente creada para conectarnos más. Sin embargo, las estadísticas mundiales indican que 1 de cada 4 personas, o sea el 25 % de la población, se siente sola. Esta no debe ser tu realidad ni la mía. Esta es la razón por la que tenemos una dimensión espiritual. Dios desea estar conectado con nosotros, Sus hijos. Dios nos creó para estar en compañía entre nosotros como humanos; pero primordialmente para mantener una relación directa con nosotros.

Una relación donde Él provee amor, sustento, motivación, seguridad, esperanza, alegría, amistad, comprensión, reconocimiento, apoyo, un oído presto para escuchar, salud, ánimo, fortaleza y muchas otras cosas buenas y agradables. Todo lo bueno proviene de Dios; y como un padre amante está más que dispuesto a proveer bendición a sus hijos. Me gustaría compartir contigo el versículo que se encuentra en Mateo 7:11, que dice:

«Mas si vosotros, aun siendo malos, sabéis dar buenas dádivas a vuestros hijos, ¿cuánto más vuestro Padre que está en los cielos dará buenas cosas a los que le pidan?»

Tu dimensión espiritual es la clave para una vida plena y productiva. Al permanecer conectados con la fuente de poder se abren ante nosotros millares de posibilidades y un mundo nuevo donde nuestra esperanza está basada en lo que Dios puede hacer en y por nosotros. Esta hermosa verdad fue la que comprendieron grandes personajes bíblicos como Daniel, Ester, José, David, Débora, Abraham, Moisés, Pablo, María, Juan y muchos otros. Salmos 46:1 y 2 dice:

«Dios es nuestro amparo y fortaleza, nuestro pronto auxilio en las tribulaciones. Por tanto, no temeremos, aunque la tierra sea removida, y se traspasen los montes al corazón del mar.»

Dios promete ser nuestra defensa. Siempre está atento a la necesidad y el clamor de sus hijos. La Biblia está repleta de versículos con promesas de protección y seguridad que fueron plasmados en las páginas sagradas con el solo motivo de contrarrestar la labor del enemigo y sus tácticas de terror y miedo. No permitas que el enemigo derrotado te robe la paz, el gozo y la vida que Dios continúa ofreciéndote hoy. Tu Creador también te dice en Isaías 41:10:

«No temas, porque yo estoy contigo; no desmayes, porque yo soy tu Dios que te esfuerzo; siempre te ayudaré, siempre te sustentaré con la diestra de mi justicia.»

¿Comprendes las hermosas palabras de este versículo? No temas, deposita tu confianza en Dios y Él hará. Permite que la presencia de Dios inunde tu corazón mediante Su Espíritu Santo y llegarás a ser testigo del maravilloso plan que Dios tiene para ti.

AUTOEVALUACIÓN

1. Piensa en los últimos cinco años de tu vida. ¿Qué eventos o cambios positivos te han ayudado a crecer espiritualmente?

2. Considerando tu jornada espiritual, ¿qué imagen tienes de Dios y Su carácter?

3. Hay veces que el camino no es fácil de recorrer. ¿Sientes o te has sentido alguna vez presa del dolor, el desaliento, la angustia o la soledad?

4. Si tuvieras que decidir hoy, ¿estarías dispuesta/o a enfrentar tus miedos y depositar tu confianza en Dios y permitir que Él se encargue de erradicarlos de tu vida?

CAPÍTULO 6

VIVIR PARA TRIUNFAR

ROMPIENDO VIEJOS MOLDES

Hemos llegado al final de nuestro recorrido del estudio de las tres dimensiones humanas y de la importancia de abarcarlas de manera holística para emprender el camino a la restauración y salud plena. Muchas veces es difícil detenernos en nuestra alocada marcha por esta vida e identificar aquellas cosas que nos impiden progresar y conquistar nuevos sueños y metas. Pero también vimos que no es imposible. Si logramos enfocarnos en los métodos y principios que realmente pueden hacer la diferencia, la ruta será más placentera y satisfactoria. Sobre todo si comprendemos que la verdadera pasión, fortaleza, regeneración y crecimiento provienen de una entrega total al Ser que nos creó y formó para grandeza. Es Cristo en nosotros, la esperanza de gloria, quien es nuestro eje y alfarero, quien con sus manos divinas vuelve a formarnos a Su imagen y semejanza.

Dios desea ayudarte, sanarte y, más importante aún, desea salvarte para que vivas por la eternidad junto a Él. Para que esto pueda ser una realidad, es necesario observar las leyes naturales que Dios colocó en su infinita sabiduría para nuestro beneficio. Aprendimos de algunas de ellas, tal como la ley de causa y efecto donde comprendemos que nuestras decisiones y acciones ya sean buenas o malas determinarán los resultados que cosechemos. Así mismo aprendimos de la ley de contemplación, donde nuestras neuronas espejo en el cerebro imitarán lo que contemplamos, en lo que invertimos nuestro tiempo, aquello que dejamos se introduzca por nuestros sentidos. Los cuales fueron colocados allí como centinelas para resguardarnos del mal. Al final de cuentas, necesitamos deshacernos y romper con los patrones actuales de sedentarismo, complacencia propia, glotonería, estrés excesivo, trivialidad y esa falsa excitación constante que nos impide alcanzar el tan necesario descanso. Ninguna de estas cosas aporta algo beneficioso a tu existencia, peor aún abren el camino a la enfermedad y muerte prematura. El camino a una nueva vida, una vida sana y próspera radica en tomar la firme decisión de cuidar de nuestro cuerpo, mente y espíritu.

SALUD INTEGRAL

Recuerda que, para lograr una salud óptima, debes utilizar un enfoque integral. Por ejemplo, un espíritu y mente fuertes te protegerán de los desafíos y altos y bajos que ocurren en la dimensión física por consecuencias hereditarias o exposiciones ambientales sobre las cuales no tienes ningún control. Al mismo tiempo, te ayudarán a superar los obstáculos que atenten contra tu salud. Repasando las cosas que aprendimos de cada dimensión, podemos rescatar aquellas que pueden ser clave para lograr un cambio positivo.

DIMENSIÓN FÍSICA

No tengo conocimiento de tu actual condición física. No conozco tu edad, la presencia de enfermedades diagnosticadas o padecimientos que alteran tu salud. Así como tampoco puedo saber acerca de tu entorno o ambiente, los recursos que tengas disponibles, ni el conocimiento que posees sobre la salud. Pero lo que sí puedo asegurarte con certeza es que hay varias cosas que puedes adoptar o implementar para comenzar a disfrutar de una mejor salud física. A continuación, te ofrezco varias:

- **No olvides los ocho remedios naturales, estos son la base para el buen funcionamiento de tu organismo.** Serán las raíces profundas que mantendrán tu salud física al mismo tiempo que sostienen las otras dos dimensiones. La estrategia es muy sencilla, cuidar de tu cuerpo desde la edad temprana para prevenir la enfermedad y en lo posible detener el deterioro prematuro para llegar a la tercera edad con vigor, estabilidad y salud.

- **Debes cuidar y fortalecer la microbiota de tu intestino.** Allí radica el 70-80 % de tu sistema inmune, el mayor y más complejo sistema de defensa que conoce el ser humano. Denominado el segundo cerebro, en tu intestino se produce el 90 % de la comunicación que tu cerebro recibe a través del nervio vago y los neurotransmisores.

- **Aprende acerca de los remedios naturales encontrados en las plantas y alimentos.** Algunas plantas y especies muy reconocidas por sus propiedades curativas son; la sábila, la menta, el diente de león, algunos hongos, cúrcuma, el limón, la canela, el ajo, la cebolla, la zanahoria, la pimienta, el jengibre, los clavos de olor, el anís estrellado, el aguacate, la betarraga y muchos otros. Dios nos entregó en la naturaleza la medicina que nuestro cuerpo necesita para conservar la salud.

• **El cuidado de tu cuerpo físico requiere dedicación y esmero.** No debes descuidarlo porque repercutirá en enfermedad y envejecimiento prematuro.

• **Movilización; un cuerpo en movimiento es crucial para mantener la salud.** Como dicen, si no lo usas, lo pierdes. Ejercitar tus músculos, tendones y articulaciones ayudará a mantener tus huesos y órganos saludables.

• **Recuerda, no cuidamos de nuestro cuerpo para exhibir o presumir de una figura esbelta y saludable,** sino porque entendemos y aceptamos que nuestro cuerpo es templo del Espíritu Santo. Le pertenecemos a Dios por creación y por redención.

DIMENSIÓN MENTAL

Es imprescindible que comprendas que si no cuidas de tu dimensión física lamentablemente colocas a tu mente en una posición desventajosa ya que las afecciones físicas crónicas y no atendidas tienden a repercutir en tu estado mental. Tal vez estés desde hace mucho tiempo agobiada/o por traumas del pasado, el desánimo o tendencias depresivas; pero no hay razón para angustiarse porque hay esperanza de recuperarte de todos ellos.

Aprendimos que nuestro cerebro tiene elasticidad que le permite crear nuevas vías de conexión y patrones de adaptación para conquistar los constantes desafíos. La neuroplasticidad es la capacidad que tiene nuestro cerebro, específicamente las neuronas, de adaptarse y reorganizarse en nuevos patrones y secuencias, permitiendo así el aprendizaje continuo.

Estos son algunos de los puntos claves que pueden ayudarte a fortalecer tu salud mental:

- El descanso es necesario y fundamental para que el cerebro pueda cumplir sus funciones de reparación diaria.

- El control y manejo del estrés crónico debe ser una de nuestras prioridades. La mente no puede funcionar adecuadamente cuando el cerebro tiene que funcionar bajo un estado de emergencia constante.

- Parte de nuestro cuidado personal debe incluir actividades que promuevan la relajación. Entre éstas se encuentran la meditación, el conectarse a tierra o grounding, baños de agua caliente y fría, caminar en la naturaleza y la respiración profunda y sincronizada.

- Mantener una actitud positiva y pronunciar palabras de afirmación enviarán al cerebro la señal apropiada para cultivar la motivación.

- Cuidamos de nuestra mente porque ella es la vía que utiliza Dios para comunicarse con nosotros, especialmente la corteza prefrontal, cuna de la toma de decisiones.

DIMENSIÓN ESPIRITUAL

La dimensión espiritual está presente en cada uno de nosotros, pero se activa mediante la función de nuestra corteza prefrontal en la toma de decisiones conscientes basadas en la aceptación de que fuimos creados por un Dios amante que se preocupa y cuida por nosotros. Las ventajas de activar nuestra dimensión espiritual bajo la dirección del Espíritu Santo son evidentes en nuestro ser y la manera en que nos relacionamos con los demás por las siguientes razones:

• Es mediante nuestra dimensión espiritual que comprendemos verdaderamente quiénes somos, de dónde venimos y hacia dónde vamos. Lo que a su vez da sentido a nuestras vidas.

• Nuestro divino Creador es un Dios de amor que se complace y disfruta de relacionarse con sus hijos de manera personal.

• La dirección de Dios, Su cuidado y protección trae innumerables beneficios en nuestra vida diaria.

• Depositar nuestra confianza en Dios es la clave para triunfar en esta vida y en la venidera.

• Una dimensión espiritual saludable, que se refugia en Dios como nuestro Creador y Sustentador, es la que abre el camino para la integración y salud de la dimensión física y la mental.

VIVIENDO EN PLENITUD Y EN VICTORIA

A través de los siglos, el ser humano ha mantenido una constante lucha interna para alcanzar la superación personal. Algunos alcanzan enormes victorias en el ámbito físico donde un cuerpo saludable y fuerte otorga la ventaja. Detrás de estos hay grandes estrategas que gracias a su mente ágil visualizan el triunfo desde el principio y guían a los demás a una victoria segura. Otros triunfan explotando su hermosa apariencia física en un amplio campo de profesiones u oficios donde son beneficiados por estos elementos; pero ellos están influenciados por los dictados sociales de lo que representa verdadera belleza.

Aquí podemos destacar la tendencia humana a dejarse llevar por la influencia colectiva que en muchos casos llega a ser muy superficial. Por supuesto también encontramos a sujetos que intentan controlar las masas mediante el despliegue de supuestas percepciones y estados espirituales superiores o más elevados que les otorgan ventaja sobre el resto de la población, ya que según ellos pueden percibir y comprender mejor las cosas esotéricas.

Como puedes notar, la mayoría de las personas se concentran en una dimensión específica, ya sea la física, mental o espiritual, con tal de superarse o destacarse del resto del grupo o población. Sin embargo, la pregunta que debemos hacernos es: ¿Dónde encontramos la tan añorada felicidad, plenitud o satisfacción en la vida? ¿Cómo es que el ser humano puede alcanzar su mayor potencial? Si meditas en tus vivencias, entiende que la plenitud de vida que trae consigo felicidad y satisfacción personal, no se encuentra en el poder, la belleza externa, la riqueza económica, la educación académica, la disponibilidad de recursos o fortaleza mental.

Para lograr la verdadera armonía interior, la salud integral y paz mental se requiere encontrar el balance entre nuestras dimensiones física, mental y espiritual. Y esto solo se alcanza cuando la energía vital que estimula y promueve a estas tres dimensiones es incorporada en nuestra manera de vivir. Y te preguntarás, ¿cuál es esa energía vital? La respuesta es el amor. Por supuesto que me refiero al amor puro, desinteresado, abnegado, el tipo de amor del cual habla el apóstol Pablo en 1 Corintios 13: 4-7:

«El amor es sufrido, es benigno; el amor no tiene envidia, el amor no es jactancioso, no se envanece; no hace nada indebido, no busca lo suyo, no se irrita, no guarda rencor; no se goza de la injusticia, más se goza de la verdad. Todo lo sufre, todo lo cree, todo lo espera, todo lo soporta.»

Como también comprenderás este tipo de amor solo lo podemos encontrar en el precioso carácter de Cristo Jesús. Fue por amor que Él dejó los atrios celestiales, revistiéndose de humanidad para morir por ti y por mí en una cruel y miserable cruz. Todo por amor, con tal de que tú y yo fuésemos rescatados de las garras del pecado y tengamos oportunidad de vida eterna. Vivió y padeció entre los seres humanos para que comprendiéramos que solo el amor es la fuerza capaz de superar cualquier obstáculo. Solo el amor esclarece la mente, fortalece el espíritu y trae fortaleza a nuestro cuerpo.

¿Alguna vez escuchaste de una supuesta carta que el famoso físico teórico alemán Albert Einstein le envió a su hija Lieserl, donde le habla acerca del amor como la verdadera fuerza universal? Hoy día hay artículos que indican que la carta es falsa. Independientemente de quién escribió la carta, hay en ella ciertas frases que, a mi criterio, son verídicas. En la carta se presenta al amor como una fuerza extremadamente poderosa para la cual la ciencia no ha encontrado una explicación. Dice que el amor es luz porque ilumina a quien lo da y lo recibe. Hace que surja atracción entre las personas, multiplica lo mejor de nosotros, no permite que la humanidad se extinga a sí misma debido al egoísmo; el amor revela y desvela, por amor se vive y se muere. Establece que el amor nos da miedo porque es la única energía que los seres humanos no hemos llegado a manejar a nuestro antojo. Por todas estas características del amor es que podemos comprender las palabras de Mateo 5:48: «Sed pues vosotros perfectos, como vuestro Padre que está en los cielos es perfecto.» Estas palabras fueron dichas por Jesús en su famoso sermón del monte y específicamente en la parte final del capítulo donde habla del amor hacia nuestros enemigos.

Cuando la Biblia habla de perfección, no está hablando de no equivocarnos o no cometer errores, sino de amar como Jesús lo hizo: Crecer espiritualmente a medida que permitimos que el Señor nos llene de su amor para nosotros vivir ese amor en nosotros y compartirlo con los que nos rodean. En ese sentido vamos caminando por el sendero de la santificación. Amamos porque Él nos amó primero. Recibimos el puro y verdadero amor de la fuente original para así esparcirlo en este mundo donde reina el dolor, la enfermedad, el odio, la maldad, la tristeza y la injusticia. Solo el amor puede eliminar cada uno de estos sentimientos y situaciones negativas. A medida que vamos ganando terreno en esta dirección se van equilibrando nuestras dimensiones. Nos vamos transformando día a día hasta alcanzar la victoria y la excelencia divina en nuestras vidas. Tal como dice Efesios 4:13:

«Hasta que todos lleguemos a la unidad de la fe y del conocimiento del Hijo de Dios, a un varón perfecto, a la medida de la estatura de la plenitud de Cristo.»

¿Quieres alcanzar victoria en tu vida? ¿Deseas triunfar en todo lo que te propongas a pesar de las circunstancias o desafíos que se presenten? ¿Te gustaría obtener paz mental, salud física y vivir confiado en medio del caos de este mundo? Si tienes la disposición de ser un triunfador y recuperar tu estado de salud integral, solo entrégale tu corazón y alma a Jesús y Él se encargará del resto. Si ya has intentado todo y no has obtenido los resultados que deseas, dale la oportunidad a Jesús. En Su Palabra, Él también te dice:

«Ahora, así dice Jehová, Creador tuyo, oh Jacob, y Formador tuyo, oh Israel: No temas, porque yo te redimí; te puse nombre, mío eres tú. Cuando pases por las aguas, yo estaré contigo; y si por los ríos, no te anegarán. Cuando pases por el fuego, no te quemarás, ni la llama arderá en ti.» (Isaías 43:1-2).

Dios desea sanarte de la enfermedad que te agobia, desea que tu mente halle la paz que tanto buscas y que tu espíritu sea vivificado y refrescado con la belleza y perfección de Su presencia.

Haz de este día tu día de victoria. ¡Recuerda que fuiste creado para grandeza!

Acerca de la Autora

Laura R. Fernández, MPH, BSN, RN, es una reconocida profesional en el área de la salud y una apasionada defensora de la fe. Nacida en la hermosa isla de Puerto Rico en un hogar cristiano como la menor de ocho hermanos, Laura ha dedicado más de 36 años al cuidado y bienestar de sus pacientes en diversas áreas como pediatría, cuidado intensivo y administración en salud.

Laura posee un Bachillerato en Ciencias de Enfermería de la Universidad Adventista de las Antillas y una Maestría en Salud Pública de la Universidad de Penn State, donde se especializó en bioterrorismo y manejo de desastres. Hoy, combina su experiencia en salud con su amor por la enseñanza y el evangelio, dedicándose a escribir, dar charlas motivacionales, y predicar la palabra de Cristo.

Felizmente casada y madre de dos hijas, Laura encuentra alegría en servir a su comunidad de iglesia y ha participado en proyectos misioneros alrededor del mundo, desde Perú hasta Kenia.

Desde pequeña, Laura R. Fernández mostró una habilidad natural para expresarse tanto de manera oral como escrita, destacándose en exámenes de desarrollo y en actividades grupales, donde solía asumir el papel de representante para presentar las ideas de su equipo. Esta capacidad de comunicación y síntesis la llevaría a un compromiso especial con la escritura y el servicio a otros.

Laura colaboró en la creación de un libro de colorear interactivo para niños sobre el Plan de la Redención, utilizado como herramienta de evangelización en países en desarrollo a través de la organización Prints of Hope Internacional. Además, en 2012, dio vida a su primer libro, Mi nombre es Mujer: El Plan de Salvación desde la Perspectiva Femenina, como respuesta a su llamado a servir a mujeres en situaciones de vulnerabilidad espiritual y emocional. Su vocación la ha llevado a escribir en la revista internacional El Centinela.

En 2024, Laura lanza Salud, Paz y Confianza: Triunfa en medio de la adversidad, una obra que une su amplio conocimiento en salud y su experiencia personal, subrayando la importancia de la conexión espiritual con Dios para disfrutar de una vida plena. Laura espera que esta nueva obra inspire a los lectores a fortalecer su relación con Cristo, el Redentor que transforma vidas.

Ella es miembro destacado de la *Academia Guipil: Escribe y Publica tu Pasión.*

Para más información y contacto escribe a:
laurie.fer@gmail.com

Bibliografía

Apelian, Nicole, PH.D. (2023) The Holistic Guide to Wellness. Herbal Protocols for Common Ailments. Global Brother SRL

Bulsiewicz, Will, MD, MSCI. (2020) Fiber Fueled: The Plant-Based Gut Health Program for Losing weight, Restoring your Health and Optimizing your Microbiome. Avery.

Greef, Shanon, Willow, Natalie (2024) Ancient Remedies Revived. A complete guide to herbal medicine and natural healing. GreenHaven Press.

McMillen, S. I., MD, Stern, David E., MD (2000). None of these diseases. The bible's health secrets for the 21st century. Fleming H. Revell a division of Baker Publishing Group, Grand Rapids, Michigan.

Otto, Sarah. (2023) The Inflammation Solution Summit. Microbiome. Restore your Gut and Reclaim your Life. Goodness Lover Pty Ltd.

Rojas Estapé, Marian. (2021) Encuentra tu persona Vitamina. En la familia, en la pareja, en los amigos, en el trabajo. Editorial Espasa. España.

White, Ellen G. (1905) The Ministry of Healing. Pacific Press Publishing Association, CA.

Healthcare Spending Statistics U.S at cms.gov

Cosmetic Industry in the U.S. - statistics & facts at: statista.com

Netflix Series. (2024) You are what you Eat. A twin experiment.

Netflix Documentary. (2017) Anderson, Kip, Kahn, Keegan. What the Health.

Netflix Series. (2023) Live to 100. Secrets of the Blue Zones

Netflix Film. (2024) Nayar, Anjali. Hack your Health. The Secrets of your Gut.

Historia de la Medicina. Estudio de las prácticas médicas en el tiempo. 11 de Octubre 2024. Wikipedia at: es.m.wikipedia.org

Mayans, Carme. (2023) Reproducen el perfume que uso Cleopatra. Historia National Geographic: https://historia.nationalgeographic.com.es/a/reproducen-perfume-que-uso-cleopatra_14686

*Todas las referencias bíblicas fueron tomadas de la versión Reina Valera 1960.

NOTAS

NOTAS

Made in the USA
Columbia, SC
26 November 2024